BANQUES DE DONNÉES ET HYPERTEXTES POUR L'ÉTUDE DU ROMAN

ÉCRITURES ÉLECTRONIQUES

COLLECTION DIRIGÉE PAR

BÉATRICE DIDIER

ET NATHALIE FERRAND

BANQUES DE DONNÉES ET HYPERTEXTES POUR L'ÉTUDE DU ROMAN

Sous la direction de

Nathalie Ferrand

Ancienne élève de l'École normale supérieure
Agrégée de Lettres modernes

Presses Universitaires de France

ISBN 2 13 048679 7

Dépôt légal — 1re édition : 1997, mai

108, boulevard Saint-Germain, 75006 Paris

Sommaire

Introduction
« Litterae ex machina »

> Ce travail fut répété trois ou quatre fois, l'appareil étant conçu pour qu'à chaque tour de manivelle, les mots formassent d'autres combinaisons à mesure que les cubes de bois tournaient sur eux-mêmes...
>
> Swift, *Voyages de Gulliver*, « Voyage à Balnibarbi », 1726.

Si l'idée d'une machine à combiner les mots et les concepts pour fabriquer des textes a hanté les songes des savants, des philosophes et des lettrés au moins depuis l'*Ars Magna* de Raymond Lulle, l'automate littéraire a dû attendre le XXe siècle pour être inventé. Rien pourtant ne destinait l'ordinateur, né il y a cinquante ans, à se mêler un jour au monde des textes et de la littérature : construites aux États-Unis à la fin de la seconde guerre mondiale, les 30 tonnes du premier calculateur électronique, l'ENIAC, avaient été conçues pour automatiser le calcul des trajectoires des bombes. Par une malice de l'histoire, il revenait à des poètes[1] de désarmer la machine de guerre pour en faire une machine à produire des sonnets, et depuis les jeux combinatoires de l'Oulipo – les adaptations électroniques des *Cent mille milliards de poèmes* ou du *Conte à votre façon* de Raymond Queneau – jusqu'à nos

1. Alain Vuillemin et Michel Lenoble précisent que c'est en 1959, en Allemagne, qu'un ordinateur a produit pour la première fois des textes poétiques. Voir *Littérature générée par ordinateur,* textes réunis par A. Vuillemin et M. Lenoble, Arras, Artois Presses Université, 1995.

hypertextes et banques de données, l'ordinateur a appris à « calculer » des trajectoires plus pacifiques, mais aussi plus complexes et plus aléatoires, celles des textes, des mots, de l'écriture littéraire.

Mais il a fallu que l'ordinateur évolue et que la lourde machine, d'une remarquable capacité de calcul *(computer)* passe, comme le dit bien la traduction française du mot américain (ordinateur)[1], à une puissance d'organisation et de classement des données. Il fallut aussi qu'elle se dote d'un écran qui en faisait potentiellement un support de textes, et qu'elle perde poids et volume. Enfin, avec les micro-ordinateurs personnels des années 80, la machine à calculer de l'après-guerre devenait une machine à écrire, à publier, à diffuser des textes, et pouvait entrer dans le bureau du chercheur en littérature.

Or la recherche littéraire a elle-même changé, dans ses domaines, dans ses méthodes, dans ses ambitions. L'internationalisation des équipes et des échanges, les frontières plus perméables entre les disciplines et les traditions nationales, la multiplicité des approches due aux bouleversements théoriques du XXe siècle, les mises à jour de nouveaux corpus... Autant d'éléments qui ont stimulé et élargi le champ d'investigation, mais qui dans certains cas appellent de nouveaux instruments et une collaboration entre littérature et informatique.

Ce livre donne la parole à neuf spécialistes et chercheurs, littéraires ou informaticiens (parfois les deux), à des équipes qui ont construit un projet et ont fait appel à la machine pour des raisons et à des fins diverses, mais parce que leur recherche ne

1. Proposé par J. Perret, professeur de latin à la Sorbonne, ce terme date de 1955. Dans son ouvrage sur *L'histoire des instruments et des machines à calculer. Trois siècles de mécanique pensante 1642-1942* (Paris, Hermann, 1994), Jean Marguin marque l'apport de l'ordinateur : « Il faut noter de plus que l'ordinateur moderne est une *machine à traiter de l'information* avant d'être une machine à calculer. Le calcul arithmétique représente une faible part de l'activité des machines actuelles, leurs tâches principales étant dévolues au tri et au traitement de données non numériques » (p. 169). Il reste que toutes les opérations de l'ordinateur se font à partir du langage binaire et sont fondées sur le calcul.

pouvait s'en dispenser[1]. Pour harmoniser autant que possible cette polyphonie, un thème commun traverse les chapitres : le roman, de Rabelais à Octave Mirbeau, en passant par le XVIIIe siècle, Flaubert et Lewis Carroll, et non sans des regards lancés vers les contemporains. Depuis la Banque de données d'histoire littéraire (la BDHL) qui informe sur les thèmes et l'histoire des œuvres, jusqu'à l'hypertexte pour l'étude d'*Alice au pays des merveilles,* plusieurs instruments informatiques d'aide à l'analyse textuelle, *in fieri* ou achevés, sont présentés. Chacun a été conçu selon des stratégies critiques précises. Celles-ci peuvent relever de la théorie de la littérature – comme l'étude thématique de la BDHL ou l'analyse du récit avec le thésaurus informatisé des topoi narratifs de la SATOR (Société d'analyse de la topique romanesque) –, ou bien de problèmes propres à l'étude d'un auteur : des outils de recherche linguistique pour l'œuvre d'un inventeur de lexiques, Rabelais (EQUIL XVI) ; pour Flaubert, formidable amasseur de brouillons et de documents préparatoires, une forme nouvelle d'édition génétique sur support électronique (ITEM) ; et pour une œuvre mêlée de fantaisie et de rigueur, comme celle de Lewis Carroll, une structure réticulaire hypertextuelle qui explore le labyrinthe des différents parcours narratifs et interprétatifs possibles (METACULTURA). En somme, l'étude des textes, les techniques d'édition – pour la publication sur papier, comme le montrera ARCANE dans le cas des éditions critiques collectives ou pour l'édition électronique – bénéficient de ce nouvel outillage informatique. Voyons maintenant de quelle manière.

1 / Catalogues de connaissances, ces immenses fichiers électroniques que sont les banques de données peuvent contenir des textes ou des informations sur les textes. Une fois classées et

1. Ce volume est le résultat d'une réflexion collective sur les instrumentations informatiques en littérature, engagée lors d'une journée d'étude à l'École normale supérieure, organisée par Béatrice Didier et Nathalie Ferrand, le 27 janvier 1995.

enregistrées, ces données ont l'avantage de pouvoir subir des recherches croisées quasi instantanées, quel que soit le volume des corpus, et qui selon les méthodes actuelles exigeraient des chercheurs un temps considérable, ou une immense érudition. Qui pourrait, sinon une banque de données bien conçue, répondre immédiatement à des questions surgies au cours d'un travail, comme : quels sont les auteurs d'expression française ayant publié un roman entre 1880 et 1914 (BDHL) ; dans quels romans français avant 1800 trouve-t-on le topos de la belle masquée ou celui de la bibliothèque en flammes (SATOR) ?

Les banques de données ont sans doute été historiquement les premières formes de collaboration entre informatique et recherche sur les textes. Dans ce domaine, les lexicographes ont ouvert la voie par le projet Frantext de l'INaLF. Avec l'objectif de rédiger un nouveau dictionnaire, le *Trésor de la langue française,* ils avaient entrepris dès les années 60 de constituer une banque informatisée de textes pour renouveler leur connaissance du lexique, et automatiser les recherches d'occurrences et de contextes sur plusieurs siècles de tradition linguistique. Les philologues et les spécialistes des langues anciennes se sont à leur tour approprié ces nouveaux outils de savoir et d'enquête sur les textes, créant des thésaurus d'œuvres, comme par exemple le *Thesaurus Linguae Grecae,* et des logiciels d'interrogation appropriés[1]. Depuis une dizaine d'années, des projets se sont engagés dans le domaine littéraire, dont trois exemples sont évoqués ici[2].

En choisissant de parler des romans du *Diable boiteux* (1707) au *Jardin des supplices* (1899), Michel Bernard a limité le corpus des œuvres de la Banque de données d'histoire littéraire à une période qui marque la reconnaissance du genre romanesque. En

1. Se reporter à l'article de Daniel Béguin « Informatique et recherche en langues anciennes », in *Revue d'histoire des textes,* t. XXIII, 1993, Paris, CNRS Éditions, p. 219-241.

2. A propos des banques de données en littérature, voir aussi l'ouvrage collectif dirigé par Alain Vuillemin, *Les Banques de données littéraires comparatistes et francophones,* Presses de l'Université de Limoges, 1993.

effet, la BDHL couvre l'ensemble de la littérature d'expression française du IXe au XXe siècle, et comporte des notices sur quelque 2 300 œuvres et 600 auteurs, sélectionnés en fonction de leur importance dans l'histoire littéraire.

Quel est le rôle d'une telle banque de données ? A la différence des banques de données textuelles comme Frantext qui permettent de consulter directement les textes, la BDHL est une banque de données bibliographiques et factuelles[1], donnant à l'utilisateur des informations sur les auteurs, les œuvres, les événements (parution d'une œuvre, traduction historique, attribution de prix littéraires), sur les genres, etc. En complément de ces interrogations sur les circonstances de la vie littéraire, elle permet des recherches thématiques sur le contenu des œuvres. Les réponses à des questions comme « Quelles sont les poésies du XIXe siècle qui parlent de la ville ? », « Quels sont les thèmes les plus fréquents dans le théâtre de l'entre-deux-guerres ? » peuvent confirmer ou infirmer les hypothèses du chercheur, et l'orienter vers d'autres pistes et vers d'autres lectures.

En croisant ces informations sur l'histoire littéraire ou sur les contenus thématiques des œuvres, le chercheur obtient des éléments d'appréciation statistique, et peut découvrir des rapprochements que sa seule culture ne lui aurait peut-être pas permis de soupçonner. Cette plus grande précision dans la perception des grands cadres de la vie littéraire rend l'interprétation moins hasardeuse, à condition néanmoins d'avancer avec les précautions méthodologiques indiquées par Michel Bernard. Car les beaux résultats produits par les calculs automatisés de la machine sont là pour relancer l'interprétation en suscitant de nouvelles questions, et non pas pour la stopper net en laissant le chercheur muet de béatitude devant ses graphiques. La formule « interprétation assistée par ordinateur » n'est jamais plus fausse qu'avec un tel auxiliaire. Ce qu'on automatise, ce n'est

1. Sur ces questions, voir l'ouvrage de Michel Bernard, *De quoi parle ce livre ? Élaboration d'un thésaurus pour l'indexation thématique d'œuvres littéraires*, Paris, Champion, 1994.

pas l'interprétation, mais des recherches qui, faites manuellement, ont le vice de transformer le chercheur en machine humaine à tourner des centaines de pages, à la quête de quelques lignes d'un roman dont il ne sait plus où elles sont, ou d'une date évoquée dans le recoin d'une biographie en cinq volumes... D'ailleurs, la mise en œuvre de ces recherches par ordinateur demande de la part de l'utilisateur intelligence dans le questionnement et réflexion préalable. Au moment d'interroger une machine peu douée de compréhension, il faut s'obliger à poser des questions pertinentes, ce qui est du reste une bonne part du travail.

C'est justement une question, théorique et méthodologique, qui se trouve à l'origine des recherches de la SATOR. Comme nous le raconte Michèle Weil, après avoir observé dans la tradition romanesque la récurrence et la variation de certains dispositifs narratifs – des scénarios romanesques inventés puis imités et parodiés –, une équipe de spécialistes du roman a proposé en 1986 la notion de *topoi narratifs,* et s'est engagée dans la constitution d'un thésaurus topique pour tout le roman français jusqu'à la Révolution. Pour le dépouillement collectif d'un corpus de plusieurs milliers de romans, l'enregistrement des résultats sur fiches de papier n'était pas envisageable. Les problèmes de classement exigèrent le recours à des procédures automatisées.

La SATOR devait se forger un instrument puissant capable d'ordonner et d'organiser les données repérées par les chercheurs (les topoi identifiés et leurs occurrences dans les œuvres), et capable de les rendre aisément accessibles au moyen d'interrogations complexes[1]. Le logiciel TOPOSATOR créé par Éric-Olivier Lochard pour gérer le thésaurus informatisé a apporté une série de solutions. Il a offert une vaste mémoire

1. Plusieurs types de questions devaient être possibles, par exemple : quels sont tous les topoi narratifs repérés dans les romans de Mme de Lafayette ? quels sont les topoi qui associent un personnage et un miroir dans le roman du XVIe siècle ? quels sont tous les romans avant 1730 où apparaît le topos de l'évanouissement ?

collective où les données recueillies par l'équipe pouvaient être enregistrées, puis triées, comparées, combinées entre elles pour la phase d'interprétation. Par la rigueur formelle de ses procédures analytiques, il a également imposé de clarifier la définition du topos et de ses composants (toposèmes). Pour affiner les recherches, il a mis à la disposition des chercheurs un dictionnaire qui relie entre eux ces composants par des relations de synonymie, d'analogie, etc., afin que celui qui interroge le thésaurus sur les topoi du miroir obtienne aussi les topoi où il sera question d'un reflet contemplé dans une rivière. Enfin, pour s'adapter encore davantage à son objet d'étude, le roman, le concepteur du logiciel a prévu, outre les traditionnelles recherches par mots clés, un mode de recherche original où s'esquisse une véritable analyse de la narrativité.

Au cours des dix ans d'activité de la SATOR, le travail conjoint d'un informaticien et d'une équipe littéraire a été un élément moteur, bataille permanente pour une définition rigoureuse de la notion littéraire qui devait pouvoir décrire des phénomènes récurrents dans des milliers de textes, tandis que la machine devait se conformer à la complexité d'un objet peu réductible aux simples descripteurs d'une banque de données.

Selon ces mêmes principes, le travail conjoint s'est prolongé au-delà du thésaurus pour l'analyse du roman. Avec ARCANE, Éric-Olivier Lochard a apporté des solutions informatiques à un autre domaine littéraire, celui de l'édition collective, par exemple dans le cadre d'une édition critique à plusieurs mains. Ce logiciel d'aide à l'édition partagée a été conçu pour améliorer la coordination et l'harmonisation du travail intellectuel entre collaborateurs, et en même temps pour réduire les étapes souvent très lourdes de révision, de mise à jour des références croisées, d'impression, de correction d'épreuves et de tous les autres problèmes pratiques qui compliquent souvent la tâche éditoriale.

Quelle attitude critique adopter devant des instruments qui, instantanément, dépouillent un corpus, affichent à l'écran d'impressionnants « filons d'occurrences » et donnent au chercheur le vertige de l'exhaustivité ? Jan Herman, lui-même membre de la SATOR, saisit l'occasion d'une étude qu'il a menée sur les préfaces de roman au XVIIIe siècle et leurs topoi, pour réfléchir sur les approches herméneutiques à adopter face à ce nouvel « outillage méthodologique ». Mais la question, à l'époque du texte électronique, du « livre dé-livré » pour reprendre la formule de Jan Herman, est aussi de savoir si les nouvelles formes de la textualité peuvent nous permettre de « comprendre le texte *autrement* », et le roman en particulier. La seconde partie apportera des réponses concrètes, avec Rabelais, Flaubert et Carroll édités et étudiés *autrement* grâce à la version électronique de leurs œuvres.

2 / L'hypertexte est un mot magique – comme celui de réalité virtuelle, de multimédia... – qu'il s'agit de transformer en outil scientifique, et donc de démythifier. Les « petites introductions à l'hypertexte » où Alain Giffard explique la naissance et l'évolution de ce concept font la part de la légende, de la technologie et de l'histoire. S'y dessinent les silhouettes des protagonistes, l'origine, les enjeux, la portée de cette idée essentiellement américaine mais souvent caractérisée par le terme hexagonal de « rhizome », qui fascine à la fois philosophes, informaticiens et littéraires[1].

Qu'est-ce donc qu'un hypertexte, simplement « une écriture non séquentielle », comme le dit Ted Nelson, l'inventeur du mot, ou plutôt un nouveau médium, la façon de « textualiser l'ordinateur » (Ed. Barret) et de revendiquer face à la conception automatique et machiniste de l'informatique « une

1. Une définition pratique est proposée par Roger Laufer et Domenico Scavetta, dans *Texte, hypertexte, hypermédia,* PUF, coll. « Que sais-je ? », 1992 : « Un hypertexte est un ensemble de données textuelles numérisées sur un support électronique, et qui peuvent se lire de diverses manières. Les données sont réparties en éléments ou nœuds d'information – équivalents à des paragraphes. Mais ces éléments, au lieu d'être attachés les uns aux autres, comme les wagons d'un train, sont marqués par des liens sémantiques qui permettent de passer de l'un à l'autre lorsque l'utilisateur les active. Les liens sont physiquement "ancrés" à des zones, par exemple à un mot ou à une phrase » (p. 3).

approche humaniste et libertaire » ? Une autre façon de nommer la littérature ? Le fondement à la fois conceptuel et technique du réseau internet et donc le médium de l'avenir ? Le lieu d'une convergence entre littérature et informatique et l'annonce d'un nouvel ordre des textes ? Toutes ces questions sont au seuil de cette deuxième partie. Il fallait les rassembler et en débattre.

Dans cette histoire de l'hypertexte, un étrange phénomène a eu lieu : après que l'idée d'une littérature non séquentielle fut passée par les laboratoires des informaticiens, elle a trouvé une nouvelle jeunesse auprès du monde des Lettres, comme si la circulation d'un concept dans une autre discipline avait permis à la communauté littéraire de regarder comme sous une loupe une pratique qui appartenait à son propre domaine[1]. L'hypertexte ou l'écriture non séquentielle sont des notions qui appartiennent depuis toujours à la littérature – Jan Herman l'a constaté pour le roman des Lumières –, mais les technologies informatiques de mise en texte ont le mérite de renouveler le regard sur l'objet littéraire. Du reste, Queneau, Calvino et les autres Oulipiens le savaient bien, eux qui, par provocation contre la théorie romantique de l'inspiration, entendaient montrer que même l'ordinateur pouvait produire des textes poétiques. Du même coup, ils dévoilaient la part de pratique combinatoire dans la création littéraire, selon le principe de *La Machine littérature*[2]

1. Ted Nelson, l'inventeur de l'hypertexte, définit ainsi la littérature : « What is literature ? » : « A piece of writing – say, a sheet of typed paper on the table – looks alone and independent. This is quite misleading. Solitary it may be, but it may also be part of literature » et il ajoute : « A literature is a system of interconnected writings », in *Literary machines 90.1,* Sausalito, California, Mindful Press, 1990 (1re éd., 1981), chap. II, p. 9. Cette conception n'est pas nouvelle, mais la technologie lui permet de passer de la métaphore à un réel dispositif textuel.

2. Le recueil d'essais que Calvino fait paraître en français sous le titre de *La Machine littérature* en 1984 date de 1980. Le premier texte est particulièrement important pour notre sujet : « Cybernétique et fantasmes ou de la littérature comme processus combinatoire ». Dans la même période, Ted Nelson fait paraître aux États-Unis son *Literary Machines,* ouvrage célèbre car T. Nelson y développe son projet Xanadu, celui d'une immense bibliothèque électronique où tous les textes seraient reliés les uns aux autres.

cher à Calvino, où la « machine » est l'automate mais aussi l'invention[1].

Comment étudier l'inventivité verbale inouïe d'un auteur tel que Rabelais ? comparer l'évolution de son écriture, d'une œuvre à l'autre, d'une version à l'autre ? représenter la singularité de ce langage dans son siècle pour confirmer ou infirmer des attributions ? Si Rabelais donne lieu, en France, à l'une des premières publications électroniques destinées à la recherche, ce n'est pas tout à fait un hasard. Marie-Luce Demonet, spécialiste du langage à la Renaissance, et les chercheurs du laboratoire EQUIL XVI (Équipe informatique et Lettres pour le XVIe siècle) ont estimé que la profusion de la langue et de la culture rabelaisienne échappait aux moyens classiques d'analyse, que les concordances et les index devaient être automatisés, que les éditions imprimées devaient apparaître en version synoptique sur un écran pour faciliter les comparaisons, qu'un dictionnaire d'époque, le *Thresor* de Nicot, devait pouvoir être appelé quand nécessaire, etc.

La publication du CD-ROM des *Électro-chronicques de François Rabelais* est une étape importante dans l'édition électronique pour la recherche, encore timide en France[2]. Sur le plan des techniques et des méthodes, cette édition est une première expérience concrète de ce qu'il est possible de faire sur support électronique en combinant les acquis de l'analyse lexicographique, les liens hypertextuels à l'intérieur de l'œuvre, les renvois pour l'étude des sources, l'appel des dictionnaires et des illustrations.

Il reste que, selon les mots de Marie-Luce Demonet, cette édition est un « chantier en cours » et qu'elle doit être « évolutive ». La conception d'une édition électronique rencontre des

1. Machine signifie d'abord « invention », de même qu'« engin » vient d'*ingenium*. Fascinante synecdoque que ce transfert de sens qui du cerveau de l'inventeur passe dans la chose inventée, du génie à l'engin.

2. Pour preuve, c'est l'éditeur anglais Chadwyck-Healey qui, pour la prestigieuse Fondation Voltaire d'Oxford, s'est engagé dans l'édition critique électronique des *Œuvres complètes* de Voltaire.

difficultés qui lui sont propres, comme la codification des textes à graphie ancienne, l'adaptation des logiciels quand survient un progrès technique, la nécessité du multistandard (Compatible IBM-MacIntosh), les risques de piratage, etc. Mais des spécialistes de l'Humanisme sont bien placés pour savoir que les techniques d'édition savante ne s'inventent pas en un jour, et qu'après que la glose scolastique a cherché son lieu d'inscription, tournoyant autour des textes, nos sciences du commentaire et de l'interprétation ont tout à gagner des marges extensibles offertes par l'espace électronique.

Avec la critique génétique, l'édition se trouve dans une situation singulière : comment éditer des textes qui n'en sont pas ? Carnets de notes, cahiers, brouillons manuscrits ou tapuscrits, parfois des milliers de pages où l'œuvre se cherche, prend forme à force de repentirs et de ratures. Si le livre est le lieu naturel de l'œuvre accomplie, il convient moins à la matière mobile des brouillons. Depuis que la critique génétique existe et qu'elle a entrepris de comprendre ces traces, et de représenter les gestes de l'écrivain au travail, elle s'est interrogée sur les techniques d'édition les plus adaptées[1], avec l'insatisfaction permanente de voir les éditions imprimées sur papier figer, dans une successivité illusoire, le processus de l'écriture.

Regarder les manuscrits sur un support de bonne qualité et les agrandir à la demande, les disposer de manière variable pour expérimenter les parcours possibles de l'invention en acte et les mémoriser si nécessaire, simuler même le tracé fébrile de la main sur la page... « L'hypertexte nous offre un autre modèle intellectuel, une autre conception de la textualité qui traduit beaucoup mieux notre expérience des manuscrits de création », écrivait Jean-Louis Lebrave en 1994[2]. Il rapporte ici l'histoire de la rencontre entre critique génétique et hypertexte, et

1. Voir l'ouvrage d'Almuth Grésillon, *Éléments de critique génétique, Lire les manuscrits modernes,* Paris, PUF, 1994, et en particulier les p. 199-202.

2. Voir l'introduction du volume de la revue *Genesis* consacré à ces nouvelles techniques, Paris, Jean-Michel Place-Archivos, 1994, n° 5, p. 7.

explique comment l'édition électronique a apporté à la génétique textuelle un ensemble de solutions pratiques et a ouvert des perspectives théoriques.

Auteur à brouillons par excellence, Flaubert est un de ceux auxquels les généticiens ont consacré le plus d'études et d'entreprises éditoriales. Ce sont les quinze versions successives de l'incipit d'*Hérodias* et le matériel préparatoire réuni par Flaubert (lettres, guides, atlas...) dont il sera ici question. L'hypertexte réalisé par Jean-Louis Lebrave avec hypercard permet de réorganiser et de lire ce dossier, en proposant différents parcours de genèse[1].

Dans un numéro récent de la revue *Littérature,* Paul Delany définissait le texte électronique comme une formidable machine à contextualiser[2]. Grâce au système des liens qui peuvent s'ancrer en tout lieu du texte et eux-mêmes servir de départ à d'autres cheminements, l'hypertexte renouvelle en effet la signification et la portée de l'annotation, de l'illustration, de la référence à d'autres ouvrages (critiques ou littéraires)[3]. A la fin de notre parcours, Alessandro Pamini dessine un modèle d'hypertexte de recherche qui prend acte des nouvelles possibilités technologi-

1. Cet hypertexte n'a pas encore été publié. En revanche, en 1995 a vu le jour la première édition hypertextuelle d'un dossier génétique, celui des scénarios de *Madame Bovary,* en accompagnement de l'édition en fac-similé réalisée par Yvan Leclerc, *Gustave Flaubert : Plans et scénarios de « Madame Bovary »,* Paris, CNRS Éditions/Zulma, 1995. Réalisé par Daniel Ferrer, directeur de l'ITEM, cet hypertexte a lui aussi été conçu à partir d'hypercard. Mais parce que ce logiciel présente des limites dès qu'un appareil de notes devient complexe et foisonnant – ce qui guette très vite le généticien –, les chercheurs de l'ITEM expérimentent actuellement d'autres logiciels mieux appropriés à leur travail, comme *Story-space,* qui a l'avantage de pouvoir afficher à l'écran, outre la fenêtre de travail, une fenêtre avec la structure générale de l'hypertexte. Cette fonctionnalité permet au chercheur de circuler avec aisance dans un ensemble de liens. Sur ce modèle, Daniel Ferrer prépare la version expérimentale d'une édition génétique d'un chapitre d'*Ulysse* de Joyce (« Les sirènes »).

2. *Littérature,* Paris, Larousse, décembre 1994, n° 96, p. 16.

3. L'hypertexte est moins un espace typographique que, selon la formule de Jean Clément, un « espace sémantique à construire » (Du texte à l'hypertexte : vers une épistémologie de la discursivité hypertextuelle, in *Hypertextes et hypermédias,* J.-P. Balpe, A. Lelu, I. Saleh, Paris, Hermès, 1995, p. 266).

ques et s'engage pleinement dans cette voie conceptuelle. Mais s'il commence par dresser un tableau sombre de l'état actuel de l'édition électronique, c'est que, jusqu'à présent, la technologie électronique dessert souvent les enjeux éditoriaux en dissimulant, derrière des accessoires ludiques d'une grande pauvreté, des contenus et des fonctionnalités vides. Or il est paradoxal que les réalisations actuelles de l'édition électronique ne s'adressent pas au public des chercheurs qui serait pourtant le premier à en tirer le plus de fruit.

Dans son modèle, Alessandro Pamini porte à la limite l'idée d'« hypertexte » en distinguant soigneusement les deux concepts de « liens » et de « textes ». Il interprète les liens comme une connaissance en soi, l'ensemble des liens est appelé « système cognitif » et constitue le noyau d'une structure réticulaire qui permet de confronter des œuvres artistiques (littéraires, cinématographiques, etc.) à des essais critiques, à des ensembles de principes d'études corrélés, et de fonder ainsi une interprétation. Pour sa démonstration, il choisit les textes « pré-électroniques », c'est-à-dire des œuvres qui se prêtent plus que d'autres à ce modèle d'hypertextualité : Calvino, Perec, Eco, Carroll... Ici, l'ordinateur montre toute sa puissance multimédia en exploitant et en reliant aussi bien des textes, des sons, des images, des séquences filmiques. Mais l'effet spectaculaire que cette combinaison produit n'est pas la visée principale de ce projet qui se veut un véritable instrument de recherche collective.

Le choix d'*Alice au pays des merveilles* de Lewis Carroll s'explique par le fait que l'œuvre du romancier logicien a intéressé très tôt l'édition électronique, au point de donner lieu à l'un des premiers *expanded books* américains. Seulement, de même que les imprimés du XVIe siècle tentaient encore de reproduire la forme du manuscrit, ces premiers hypertextes ne faisaient presque que reprendre, sur un support électronique, la forme de l'objet livre. Les propositions plus radicales d'Alessandro Pamini invitent à dépasser les limites de la structure du livre, et à exploiter toutes les possibilités du médium électronique pour inventer de nouveaux outils de connaissance, dont la « Toile Carroll » fournit un exemple[1]. Face à l'*expanded book* d'*Alice au pays des merveilles,* Alessandro Pamini recourt à une autre métaphore que celle de l'« expansion », celle du tissage qui nous ramène à l'idée même de littérature, pour explorer les plis et les replis de la fiction, et déployer l'étoffe du récit.

3 / Pour finir par une synthèse, imaginons de rassembler tous ces instruments autour d'une recherche commune sur une œuvre romanesque. Le montage narratif complexe de l'unique roman de Laclos, *Les Liaisons dangereuses,* son jeu de variations linguistiques d'un personnage à l'autre et d'une lettre à l'autre, son caractère de somme littéraire à la fin du XVIIIe siècle en font un bon exemple pour une utilisation conjointe des techniques d'étude textuelle et d'édition évoquées dans ce volume[2]. Imaginons donc une version électronique des *Liaisons,* où figureraient d'abord les manuscrits conservés à la Bibliothèque nationale de France, scannés et disposés, comme le suggère l'ITEM, selon des parcours génétiques proposés par des spécialistes de l'auteur. La Banque de données d'histoire littéraire indiquerait à la demande les œuvres parues en 1782, les thèmes du roman des années 1780, tandis qu'interrogé sur les topoi du roman épistolaire et du roman libertin le thésaurus de la SATOR donnerait les moyens d'apprécier l'inventivité de Laclos, ou sa volonté parodique vis-à-vis d'une tradition littéraire usée. Les riches instruments d'étude lexicale mis en œuvre pour Rabelais auraient l'avantage, chez Laclos, d'affiner l'analyse des langages personnels de chacun des épistoliers, et le jeu subtil d'écriture auquel

1. A cet exemple théorique, répondent des prototypes réalisés dans le domaine de l'anthropologie (Alberto M. Cirese) et du cinéma (Lubitsch, et Hitchcock-Truffaut).

2. Le texte de Laclos a déjà donné lieu à des analyses par ordinateur. Voici quelques références signalées par Michel Bernard : *Traitements informatiques de textes du XVIIIe siècle, Table ronde du Congrès international des Lumières,* n° 6, Paris, Éditions du CNRS, Textes et documents, série VII, 1984 ; R. L. Frautschi « Focalisation énonciation dans *Les Liaisons dangereuses* », Jean Sgard, « Étude de lexicologie parallèle, Laclos et Rousseau ».

s'est livré l'auteur. Une « toile hypermédia » pourrait enfin confronter à l'œuvre de Laclos les interprétations critiques qu'elle a suscitées depuis deux siècles, mais aussi ses différentes réécritures littéraires, théâtrales, cinématographiques, etc.

Il ne faudrait pas croire que les problèmes de réalisation d'un tel projet soient d'ordre technique. Sur ce plan, un disque optique ou mieux le vaste espace libre d'internet[1] accueillerait sans difficulté majeure cet ensemble critique. Les obstacles sont ailleurs, dans nos comportements et nos mentalités de chercheurs : une hésitation nous retient quand prennent forme nos désirs de connaissance et nos rêves de savoir.

Nathalie FERRAND

1. Le centre de recherches Hubert de Phalèse, responsable de la BDHL, la SATOR, l'ITEM, le laboratoire EQUIL XVI, le groupe METACULTURA utilisent les ressources d'internet : pour faire circuler l'information par le courrier électronique, pour organiser le débat par le système des listes de discussion dans le cas de la SATOR, pour présenter leurs travaux et mettre à la disposition des spécialistes les outils mis au point, par exemple dans le cas du serveur Rabelais créé par Étienne Brunet pour EQUIL XVI sur le réseau WWW (le groupe Hubert de Phalèse a mis en ligne un prototype de la BDHL et la SATOR prévoit également de placer TOPOSATOR sur le Web), pour créer des revues électroniques (projet d'une Hyperevue sur la Renaissance du laboratoire EQUIL XVI), etc.

PREMIÈRE PARTIE

Calculer, classer: la « machine littérature » et les banques de données

Du *Diable boiteux* au *Jardin des supplices* le roman dans la BDHL

Peut-on étudier la littérature de manière statistique ? Ce qui a un sens en sociologie, en biologie, en psychologie, en démographie, ou même en histoire et en linguistique, est-il pertinent dans le domaine littéraire ? Il n'est de statistique possible que du quantifiable et du discret. La littérature peut-elle donner lieu à des décomptes ? Il se pratique bien une statistique du texte littéraire[1] mais on ne mesure alors rien de sa littérarité. Le sujet de l'étude tentée ici est formulé, lui, en termes d'histoire littéraire : « Le roman aux XVIIIe et XIXe siècles ». Un genre, une période. La *tentation statistique* se manifeste tout naturellement devant l'énormité du champ ainsi délimité. Quelle érudition faudrait-il pour se livrer sur ce terrain à autre chose qu'à de vagues synthèses, forcément tributaires des spécialisations et des goûts de l'historien ?

Que l'on ne croie pas que l'existence même de cette étude, dont on aura peut-être entraperçu plus bas les triomphants graphiques, préjuge d'une quelconque réponse à la question d'une

1. Sur la statistique textuelle, on lira la thèse de doctorat d'André Salem, *Méthodes de la statistique textuelle* (Université de la Sorbonne-Nouvelle, Paris III, sous la direction de Maurice Tournier, 1993), qui propose un panorama complet des méthodes et des principes de la lexicométrie.

possibilité de l'approche statistique en littérature. Un graphique présuppose simplement une banque de données numériques. La question reste entière de l'adéquation de cette banque à la réalité qu'elle est censée représenter. Les données utilisées ici proviennent de la Banque de données d'histoire littéraire (BDHL)[1] et se réfèrent à ce qu'il est commode pour le moment de désigner comme des « faits littéraires » : dates de publication, titres, genres, thèmes, éditeurs d'œuvres littéraires, dates biographiques, professions, lieux de naissance et de décès, consécrations d'écrivains. Ces « faits » sont aisément manipulés par l'ordinateur. Les calculs et leurs représentations graphiques ne présentent ni difficulté ni intérêt particuliers. Sur les 2312 œuvres référencées par la BDHL, 763 sont des romans (soit 33 %). Dans la période 1700-1899 qui nous intéresse, il y a 264 romans pour 888 œuvres (30 %). Le premier est *Le Diable boiteux* de Lesage (1707), le dernier *Le Jardin des supplices* de Mirbeau (1899).

Les tortures promises par ces deux titres sont peut-être d'abord celles subies par la littérature au moment où on la transforme en *données*. Sous quelles fourches caudines a-t-elle dû passer pour se voir résumer à quelques valeurs comptables ? Quelles sont, tout d'abord, les œuvres retenues par la BDHL comme dignes de représenter à elles seules *la littérature* ? Un premier graphique permet de comprendre l'ampleur de ce problème. Voici en effet la courbe représentant le nombre d'œuvres et de romans par tranches de vingt ans, du XVIe au XXe siècle[2] (voir page ci-contre).

1. L'équipe de la BDHL, dirigée par le Pr Henri Béhar, a publié plusieurs présentations de son travail. On lira par exemple : Béhar, Bernard, Goldenstein : « La banque de données d'histoire littéraire. Principes, pédagogie, perspectives », 1992 ; *Texte* (Trinity College, University of Toronto), n° 12. On trouvera également, sous le pseudonyme collectif d'Hubert de Phalèse, des ouvrages sur Huysmans, Renan, Molière, Céline, Voltaire, Hugo, Malraux et Apollinaire présentant des résultats obtenus à l'aide de la BDHL (coll. « Cap'Agreg », Nizet, 1989-1996).

2. Les tranches chronologiques indiquées sur les graphiques doivent être lues ainsi : « 1800-1820 », par exemple, désigne les années 1800 à 1819, inclusivement.

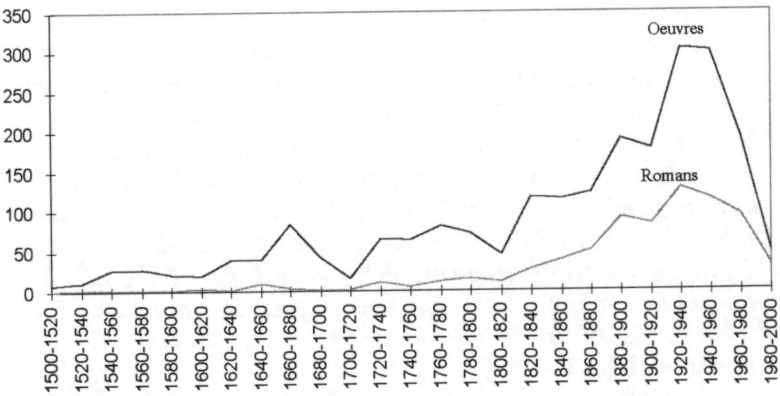

Il faut bien sûr entendre par là : le nombre d'œuvres et de romans figurant dans la BDHL, puisque, hors de là, il ne serait pas de calcul possible. Mais nous voilà renvoyés à cette inévitable question : quelles œuvres a-t-on choisies ? Nous sommes ici loin de l'exhaustivité revendiquée par des chercheurs comme ceux de l'équipe de Claude Duchet dans son étude des préfaces de roman du début du XIXe siècle. Comparons les données pour les années 1815-1832 :

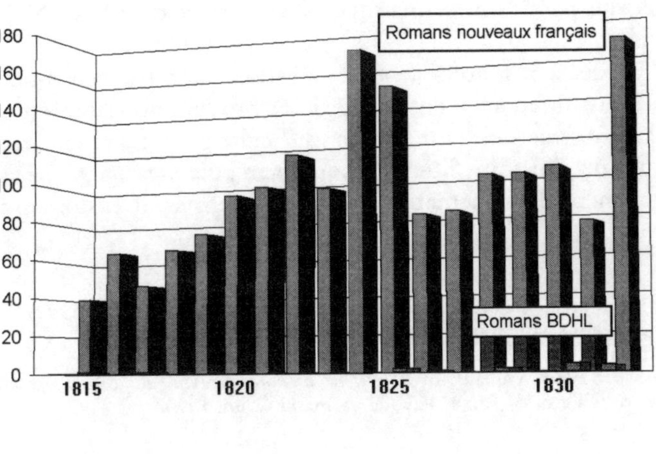

Sur les 1 717 romans français nouveaux parus dans ces années-là et recensés par l'équipe de Claude Duchet, la BDHL n'en a retenu que 14 ! Évidemment, il s'agit des titres les plus connus, des auteurs les plus reconnus : *Adolphe* (Constant), *Armance* (Stendhal), *Atar-Gull* (Sue), *Bug Jargal* (Hugo), *Chronique du temps de Charles IX* (Mérimée), *Cinq-Mars* (Vigny), *Indiana* (Sand), *Jean Sbogar* (Nodier), *L'Ane mort et la femme guillotinée* (Janin), *La Peau de chagrin* (Balzac), *La Salamandre* (Sue), *Le Rouge et le Noir* (Stendhal), *Notre-Dame de Paris* (Hugo), *Sous les tilleuls* (Karr). Mais qui peut garantir qu'aucun des 1 703 autres romans ne méritait de passer à la postérité ? Et qui lit encore Jules Janin[1] ?

Cependant, cette sélection drastique n'est pas le fait de la BDHL, mais de l'histoire littéraire telle qu'elle est pratiquée, et dont la banque de données n'est que le reflet. Les listes de la BDHL ont été compilées à partir des manuels scolaires, anthologies, dictionnaires et encyclopédies dans lesquels nous recensons traditionnellement notre patrimoine littéraire. Cette pratique n'est bien sûr pas réservée au premier tiers du XIXe siècle : qu'allons-nous retenir des 6 863 romans[2] parus en France en 1994 ? Garderons-nous ceux qui ont été primés, ceux qui se sont bien vendus, ceux des auteurs qui seront reconnus plus tard, ceux qui annoncent des courants futurs, ceux qui paraîtront représentatifs de l'esprit de 1994 ? Nul ne le sait.

Et de là revenons à notre question : que mesurons-nous ? Une statistique sur l'ensemble de la production d'une époque serait, abstraction faite de sa difficulté[3], contraire à l'esprit même de l'histoire littéraire, qui manipule des *faits littéraires* strictement et systématiquement hiérarchisés. L'histoire litté-

1. La dernière édition disponible remonte à 1973 (source : Électre).
2. Source : Bibliothèque nationale de France.
3. Voir par exemple « L'un et le multiple : éléments de bibliométrie littéraire » par Alain Vaillant, in *L'Histoire littéraire aujourd'hui,* sous la direction d'Henri Béhar et de Roger Fayolle, Armand Colin, 1990.

raire, même quand elle refuse toute normativité, se doit d'adopter et de justifier un point de vue. Parce qu'elle est un regard.

C'est dans cette perspective qu'il faut reconsidérer le premier graphique. Dire, par exemple, que la production littéraire chute notablement dans la période 1700-1720, c'est dire en réalité que notre vision de la littérature a consacré cette coupure entre le *Grand siècle* et le *Siècle des Lumières.* Une œuvre publiée dans ces années-là, parce qu'elle est inclassable, a de fortes chances de sombrer dans l'oubli[1]. Il n'y a donc aucune surprise à retrouver sur la courbe les ruptures programmées de notre histoire littéraire. L'évolution continue du roman jusqu'au XXe siècle est du même ordre : ce n'est pas seulement parce qu'on publie de plus en plus de romans que la courbe croît mais aussi parce qu'on en lit de plus en plus, ceux d'aujourd'hui et ceux d'hier. Il est banal de constater que les œuvres retenues par l'histoire littéraire ne sont pas forcément les succès d'édition de leur époque.

Les statistiques – premier point acquis – ne portent donc pas sur des faits objectifs mais sur des représentations. Il n'y a là rien d'infamant, et l'histoire littéraire n'est bien sûr pas la seule des sciences humaines à étudier des représentations. Un « fait littéraire » est une construction *a posteriori*, une reconstruction de type historique opérée à grands coups de hache dans la forêt du réel. En revanche, une fois dissipée l'illusion réaliste, une fois assumé ce parti pris d'une étude faite du point de vue de la réception, les statistiques ne laissent pas de suggérer des pistes de réflexion fort suggestives.

Voici comment se présente l'évolution de la production littéraire, et singulièrement de la production romanesque, pour les deux siècles auxquels j'ai circonscrit cette étude (voir illustration page suivante).

1. Il n'est que de voir, par exemple, ce qu'il est advenu de l'œuvre de Fontenelle (1657-1757), qui ne figure dans les anthologies qu'à travers un ou deux extraits censés annoncer les thèmes du XVIIIe siècle.

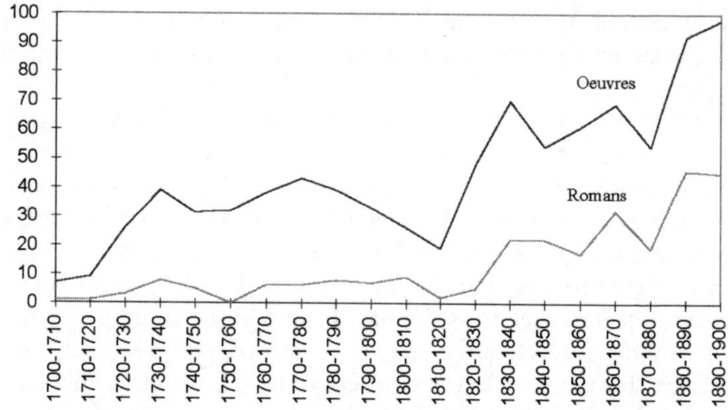

On peut dire qu'en gros les deux productions sont corrélées (ce qui est normal puisque, nous l'avons vu, les romans représentent à peu près 30 % de l'ensemble). Les décennies 1750-1760 ou 1810-1820 voient par exemple une chute de la production dans tous les genres. En revanche, certains décalages doivent attirer notre attention. Ils sont encore plus visibles sur le graphique qui représente la proportion de romans dans chaque décennie :

Proportion des romans dans la production totale

Première constatation : la part des romans est de plus en plus forte. Ne dépassant qu'à peine 20 % tout au long du XVIIIe siècle, elle franchit la barre des 40 % dès les années 1840. Par ailleurs, le graphique révèle de fortes irrégularités sur cette courbe globalement ascendante. Le roman, genre longtemps décrié, semble même avoir totalement disparu dans la décennie 1750-1760 ! Rappelons-nous toutefois à ce propos que les statistiques portent ici sur des valeurs assez faibles (moins de 10 romans par décennie pour le XVIIIe siècle), ce qui amplifie les variations. Cependant, cette *crise du roman* correspond bien à ce que remarquent les historiens de la littérature, tel Henri Coulet dans son étude sur *Le Roman jusqu'à la Révolution*[1], qui introduit une coupure en 1760 et l'explique ainsi :

> L'intensification du combat philosophique et l'élaboration des grandes œuvres où s'inscrit la pensée du XVIIIe siècle à partir de 1750 expliquent peut-être pourquoi le genre romanesque passe alors, en qualité du moins, au second plan[2].

Le passage à une nouvelle ère[3] après 1760 est marqué par la parution, en 1761, de *La Nouvelle Héloïse*, « le plus grand roman du siècle »[4]. Mais l'infléchissement de la courbe n'est qu'une affaire de perspective. On continue à publier dans cette période des romans fort appréciés des contemporains mais que nous ne lisons plus[5]. Par ailleurs, nous avons choisi de classer dans les contes *Micromégas* (1755) et *Candide* (1759),

1. Armand Colin, 1967, t. I : *Histoire du roman en France*.
2. *Op. cit.*, p. 329.
3. « [...] aux environs de 1760, le roman traverse une crise grave et complexe », *op. cit.*, p. 419.
4. *Op. cit.*, p. 329.
5. Les courbes établies par Robert Estivals (*La Statistique bibliographique de la France sous la monarchie au XVIIIe siècle*, La Haye, Mouton & Co., 1965) montrent une stagnation des demandes de privilèges dans cette décennie mais elle est due principalement à un redéploiement de l'édition française à l'étranger.

ce qui est discutable d'une part, et d'autre part indique la cause de la rupture de 1750-1760 : nous avons décidé de ne pas lire de romans dans cette période, vouant les uns aux gémonies parce qu'ils seraient mauvais, rattachant les autres à des genres différents. Rien d'arbitraire dans ce choix, bien sûr. Il n'est pas de tyran dans l'empire des Lettres, et cette réfection de notre représentation de la littérature, si elle a eu ses Viollet-le-Duc, est l'objet d'un assentiment très large dans la communauté des lecteurs. Elle constitue par ailleurs une sélection légitime et fondée, révélatrice des valeurs d'une civilisation.

Ce qui est mesuré par la BDHL, ce qui devrait faire l'objet même de l'histoire littéraire, c'est le résultat de cette sélection, de cette nécessaire gestion du patrimoine littéraire. Un exemple : dans un manuel de littérature de 1835[1], les seuls auteurs de romans du XVIIIe siècle sont Barthélemy *(Voyage du jeune Anacharsis)*, Marmontel *(Bélisaire, Les Incas)*, Montesquieu *(Le Temple de Gnide)* et Florian *(Galatée)*. Voilà qui nous paraît insolite aujourd'hui. Pourquoi n'avons-nous plus besoin de ces lectures qui paraissaient essentielles il y a cent cinquante ans ? La BDHL, dans son état actuel, ne permet pas de faire cette *histoire de l'histoire littéraire*[2]. Elle ne prend en compte que les attestations d'aujourd'hui. Mais, même de ce point de vue, elle ne laisse pas de souligner certaines particularités fort intéressantes. J'ai choisi de me concentrer sur la période 1850-1899, qui est celle du triomphe du roman, parce qu'elle présente des irrégularités curieuses au premier abord (voir illustration page ci-contre).

Ce graphique, qui montre la production par année d'œuvres et de romans, est beaucoup moins lisse que celui qui, plus haut,

1. Tissot, *Leçons et modèles de littérature française ancienne et moderne*, J. L'Henry, 1835.

2. Un des chantiers en cours de la BDHL consiste à traiter un certain nombre de manuels et d'histoires littéraires de dates variées pour permettre cette prise en compte stéréoscopique des représentations dans le domaine littéraire.

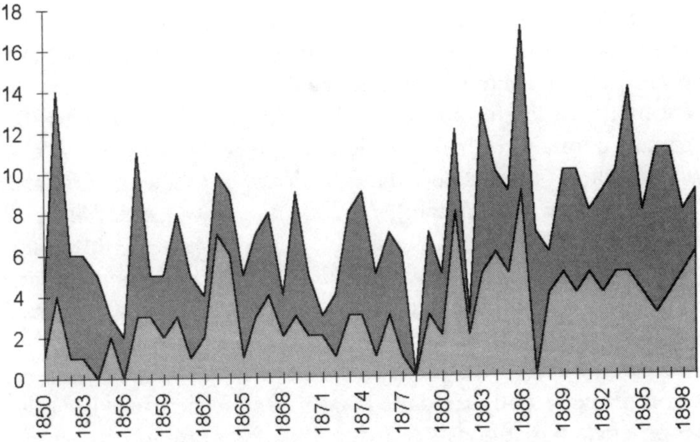

regroupait dix années d'édition. Cela tient d'abord aux faibles quantités représentées ici : 17 œuvres pour l'année la plus productive (1886), 7,4 œuvres et 3,1 romans en moyenne par année. Il est cependant deux dates remarquables : 1878, où l'on ne note aucune œuvre dans la BDHL, et 1887, où sur les 7 œuvres enregistrées on ne compte aucun roman. Cette dernière date ressort encore mieux si l'on considère la proportion de romans dans la production de chaque année :

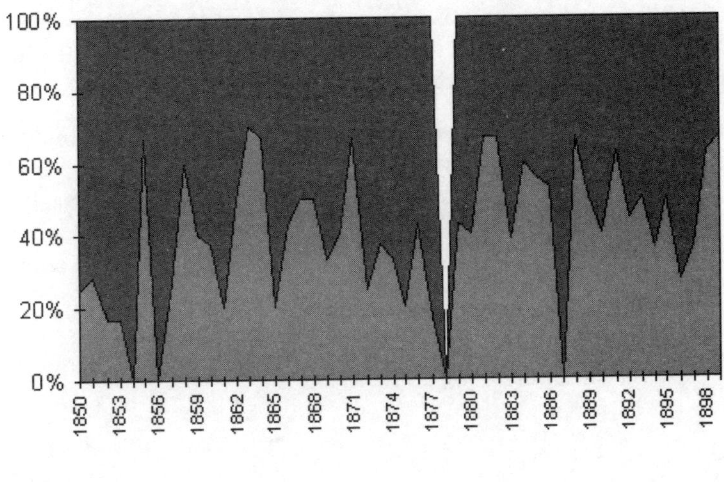

La BDHL ne recense aucun roman pour les années 1854 et 1856 mais, pour ces années-là, la production totale ne s'élève qu'à cinq et deux œuvres, respectivement. C'est en 1887 que le phénomène est le plus accentué. Il l'est d'autant plus qu'en 1886 le roman connaît son point culminant avec neuf titres : *L'Ève future* (Villiers de L'Isle-Adam), *L'Insurgé* (Vallès), *L'Œuvre* (Zola), *L'Opium* (Bonnetain), *Le Désespéré* (Bloy), *Les Dames de Croix-Mort* (Ohnet), *Les Gaîtés de l'escadron* (Courteline), *Pêcheurs d'Islande* (Loti), *Revanche des communeux* (Clément). L'année d'après, on compte à nouveau quatre romans : *Le Docteur Rameau*, *Volonté* (Ohnet), *Pierre et Jean* (Maupassant), *Sous l'œil des barbares* (Barrès). La question est donc la suivante : comment interpréter cette coupure dans la courbe ? Ne tient-elle qu'à des phénomènes statistiques ou à des illusions graphiques, est-elle fortuite ? Il est important, du point de vue méthodologique, de noter que la BDHL ne peut que poser des questions, et non y répondre. En revanche, elle permet d'indiquer des irrégularités qui peuvent se révéler intéressantes après vérification.

Comment procéder dans le cas présent ? De manière expérimentale, en vérifiant des hypothèses successives. Première hypothèse : ne peut-on mettre en cause les choix de la BDHL ? Les grands romans des années 1886-1888 ont-ils été recensés ? L'*Histoire littéraire de la France*[1] propose une chronologie très étoffée, qui peut servir de référence (étant bien entendu que je ne feins pas ici de lui accorder une objectivité que je viens de déclarer impossible plus haut). En plus des romans figurant dans la BDHL, elle propose les titres suivants.

1886 *Le Thé chez Miranda* (Adam, Moréas), *Roger-la-Honte* (Mary)

1887 *André Cornélis* (Bourget), *Madame Chrysanthème* (Loti), *Mont-Oriol* (Maupassant), *Le Cavalier Miserey* (Hermant), *La Terre* (Zola)

1888 *Les Lauriers sont coupés* (Dujardin), *Le Rêve* (Zola), *Mémoires et aventures d'un prolétaire* (Truquin)

1. Éditions sociales, 1978, t. 10 : *1873-1913*.

Nous obtenons au total les chiffres suivants : 7 romans sur 13 œuvres (53 %) en 1886, 5 romans sur 13 œuvres (38 %) en 1887, 5 romans sur 11 œuvres (45 %) en 1888. Le *déficit romanesque* est donc moins important que dans la BDHL mais il existe néanmoins. Par ailleurs, on comprend l'absence dans la BDHL des œuvres citées par l'*Histoire littéraire de la France* : *La Terre* et *Le Rêve*, par exemple, même s'ils font partie des Rougon-Macquart, ne sont que très rarement cités dans les anthologies[1], et sont souvent considérés comme des œuvres mineures du cycle. On peut faire la même remarque sur *Mont-Oriol* de Maupassant. *Madame Chrysanthème* doit sans doute sa relative célébrité à *Madame Butterfly* et les autres titres sont d'auteurs peu lus aujourd'hui. L'absence de romans en 1887 doit donc être comprise dans le cadre qui est celui de la BDHL : les romans de cette année-là sont aujourd'hui méconnus.

Autre hypothèse, qui permet de s'affranchir des listes d'autorité, forcément subjectives : le volume général de l'édition a-t-il connu une baisse en 1887 ? Si l'on se fonde sur l'ensemble des titres, tels que les étudie Frédéric Barbier dans l'*Histoire de l'édition française*[2], il semble bien qu'il n'en soit rien. Le taux de croissance annuel de l'édition, dans ces années-là, est d'environ 2 % par an. Tout au plus note-t-on des crises de production en 1871-1872 et en 1878[3] (ce que reflètent les graphiques de la BDHL). Toutefois il ne s'agit pas ici de la seule littérature mais de l'ensemble de la production imprimée. Pour essayer de cerner la production romanesque de cette période, nous pouvons nous servir des listes du *Catalogue général de la librairie fran-*

1. On n'en trouve d'extrait, par exemple, ni dans le Lagarde et Michard, ni dans le Chassang et Senninger, ni même dans le Mitterrand (Nathan), pourtant très favorable à Zola. Seul le très atypique manuel de Biet, Brighelli et Rispail (Magnard) en cite une page, à propos de la polémique suscitée par le Manifeste des Cinq.

2. Promodis, 1985, t. III : *Le Temps des éditeurs. La contribution de F. Barbier (« Une production multipliée »)* se trouve p. 103.

3. *Ibid.*, p. 107. F. Barbier minimise la gravité de la crise de 1891, qu'il attribue à des réajustements financiers (p. 118-119). Rien ne permet en tout cas d'en voir les prodromes en 1887.

çaise[1] bien que, malheureusement, elles ne différencient pas romans, contes et nouvelles, qu'elles incluent traductions et rééditions et que, bien entendu, elles ne permettent pas de se faire une idée des tirages. Un sondage[2] me fournit les chiffres suivants pour la production des trois années 1886-1888 : 38 % des titres pour 1886, 29 % pour 1887 et 33 % pour 1888. On constate à nouveau un léger déficit dans la production de 1887, mais rien d'aussi net que dans la BDHL.

L'absence de romans en 1887 est donc une donnée spécifique à la BDHL, c'est-à-dire à nos représentations littéraires d'aujourd'hui. Elle ne touche pas significativement l'ensemble de la production mais seulement la petite poignée d'œuvres que retient l'histoire littéraire. Que s'est-il donc passé en 1887 qui peut expliquer ce phénomène, à savoir l'effacement relatif des romans de cette année-là ? L'année est troublée (risques de guerre avec l'Allemagne, début du boulangisme, démission de Grévy à la suite du scandale des décorations), mais d'autres périodes difficiles n'auront pas la même influence sur la littérature (même l'*année terrible* ou le coup d'État de 1852 ne verront pas un tel effondrement de la production romanesque). Et l'actualité littéraire de 1887 ? C'est sans doute là que nous trouvons les pistes les plus intéressantes. Cette année est marquée par une crise du naturalisme. La parution de *La Terre* (dans le *Gil Blas* puis en volume) est accompagnée d'une vive polémique. Les signataires du Manifeste des Cinq accusent Zola à la fois d'outrance et d'impuissance, la querelle s'enfle jusqu'à brouiller le maître de Médan avec Daudet et Goncourt. Zola lui-même hésite en cette année 1887. Il n'a publié *La Terre* qu'à contrecœur, il met en chantier *Le Rêve* pour diriger le naturalisme sur une autre voie (au risque de surprendre son public), il s'essaie au théâtre : *Le Ventre de Paris* au Théâtre de Paris, *Renée* au

1. Rédigé par J. Jordell, Librairie Nilsson, 1896, t. XIII : *1886-1890*. La liste des « Romans, contes et nouvelles » est aux pages 354-396.

2. Je n'ai pris en compte que les cinq premières pages (c'est-à-dire 12 % de l'ensemble), ce qui représente 312 œuvres dans la période.

Vaudeville, *Thérèse Raquin* à Berlin, Hennique fait jouer *Jacques Damour*, d'après une nouvelle de Zola. Ces changements de stratégie semble bien marquer un essoufflement du naturalisme. Voici peut-être pourquoi les œuvres de cette année, controversées, minimisées, n'ont pas été retenues par la postérité.

Une dernière hypothèse : le 9 octobre 1886 était signée la Convention de Berne, qui réglait le commerce du livre en Europe. Les éditeurs français n'auraient-ils pas attendu d'en mesurer les conséquences pour publier ce qu'ils exportaient le mieux, c'est-à-dire les romans d'auteurs reconnus ? C'est là pure supposition de ma part, et je n'ai pu en trouver aucune confirmation. Mais cette piste mériterait aussi d'être suivie. Il me suffit dans le cadre de cette présentation de montrer quel parti on peut tirer des statistiques en matière d'histoire littéraire.

En dehors des problèmes quantitatifs de production littéraire, il est possible d'utiliser la BDHL pour se faire une idée du profil biographique des romanciers. Leur âge, par exemple, donne lieu à la constatation suivante : les auteurs de romans ont, dans notre période, 40 ans en moyenne au moment de la publication, les autres ont en moyenne 49 ans. Ce chiffre varie selon les époques :

Moyenne d'âge des auteurs

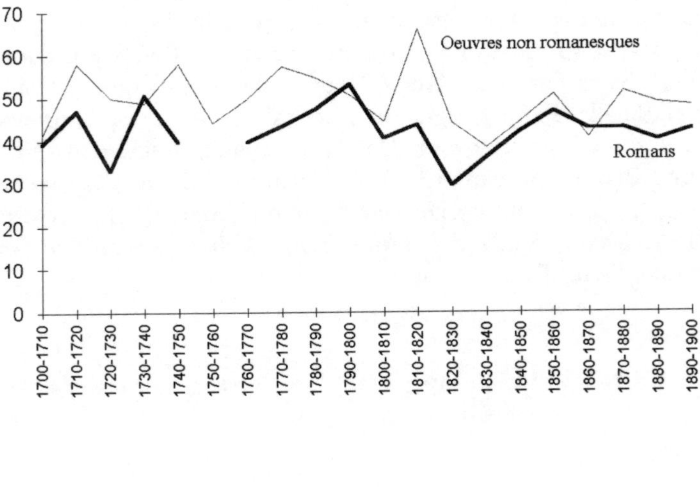

Les romanciers sont plus jeunes que les autres auteurs, sauf dans quelques périodes de crise politique et littéraire (1790-1800, 1860-1870), soit parce que d'autres genres ont alors la faveur des débutants, soit parce que l'on ne publie que des romanciers confirmés. Tout au long de notre période, le roman a permis à de jeunes auteurs de se faire connaître puis d'accéder à la célébrité. Mais, là encore, il faut se méfier de l'effet de perspective. En réalité, et jusqu'au milieu du XIXe siècle, c'est la poésie qui attire les débutants[1] et qui peut les faire débuter en littérature. Mais nous avons aujourd'hui mis le roman au-dessus des autres genres et, pour cette raison, valorisé les romanciers. Par voie de conséquence, nous avons plutôt oublié les poètes et cette nouvelle réfection de l'histoire littéraire nous laisse avec une population importante de jeunes romanciers et de romans de jeunesse que nous lisons encore. Il n'y a plus grand-chose à ajouter, après Marthe Robert, sur la manière dont notre civilisation s'est reconnue dans le genre romanesque, mais nous pouvons en voir ici une des conséquences : l'image moderne du romancier, jeune écrivain ambitieux débutant par un chef-d'œuvre, a déteint sur notre perception de l'histoire littéraire, d'où nous avons exclu un grand nombre de poètes jadis célèbres. Pour donner un élément de comparaison, disons que dans le volume consacré à la poésie de l'anthologie de 1835 citée plus haut, on trouve les noms de 26 poètes en production après 1700 qui ne figurent pas dans la BDHL, et ne contribuent donc pas aux statistiques : Thomas Corneille, Chaulieu, Philippe Destouches, Saint-Lambert, Ducis, Pieyre de Mandiargues, Collin d'Harleville, Fabre d'Églantine, Le Bailly, Fontanes, Andrieux, Raynouard, Marie-Joseph Chénier, Arnault, Esménard, Norvins, Baour-Lormian, Charles-Guillaume Étienne, Millevoye, Soumet, Ancelot, Pongerville, Bonjour, Barthélemy, Joseph Méry, Tastu. Voilà des noms bien oubliés aujourd'hui, ou connus pour d'autres raisons.

1. Que l'on songe au Lucien Chardon-de-Rubempré des *Illusions perdues*.

La prise en compte des professions des romanciers permet de préciser encore leur portrait. Voici la liste des plus fréquentes, par ordre décroissant[1] :

Auteurs de romans	*Auteurs d'œuvres non romanesques*
Homme ou femme de lettres	Homme ou femme de lettres
Journaliste	Rentier
Rentier	Journaliste
Fonctionnaire	Divers
Divers	Fonctionnaire
Homme politique	Professions théâtrales
Militaire	Enseignant
Employé	Militaire
Enseignant	Clergé
Professions théâtrales	Homme politique
Pensionné	Pensionné
Ambassadeur	Mécénat
Édition	Justice
Justice	Ambassadeur
Bibliothécaire	Employé
Médecin	Bibliothécaire

La comparaison des rangs permet de constater que certaines professions sont plus fréquentes chez les romanciers : journaliste, fonctionnaire, homme politique, militaire, employé, ambassadeur, édition, bibliothécaire, médecin. A l'opposé, les auteurs d'œuvres non romanesques vivent plutôt de leurs rentes, du théâtre (c'est normal, mais nous voyons que les gens de théâtre peuvent aussi être romanciers, comme Lesage, Marivaux, Colette ou Dumas fils), de l'enseignement, de l'état reli-

1. Ce décompte est basé sur les romans, ce qui veut dire que l'on peut compter plusieurs fois un même auteur. Les professions les plus prolixes sont donc ici surreprésentées.

gieux, du mécénat... On dira sans doute que le roman permet à des *hommes nouveaux*, à de nouvelles classes sociales d'entrer en littérature (la plus grande fréquence d'employés chez les romanciers est significative à cet égard), mais il faut ici encore tenir compte des distorsions de notre vision de la littérature. Il faudrait plutôt dire que nous avons préféré conserver et lire les romanciers issus de ces classes montantes. Mais ce choix se fait de la manière la plus simple : les lecteurs, par goût, se portent spontanément vers les romanciers qui abordent leurs thèmes favoris, qui ont du monde une vision concordant avec la leur, des convictions qui confortent les leurs... L'objet de l'histoire littéraire est de faire l'histoire de ces goûts (dont la naissance n'est rien moins que spontanée), d'en expliquer les modifications. Du côté des auteurs, les stratégies (conscientes ou non) sont du même ordre. Alain Viala a montré dans son *Racine*[1] comment un auteur s'adapte à un marché, se forgeant une représentation de son lecteur idéal plus ou moins en accord avec la réalité.

On verra un tout autre aspect de cette histoire des goûts dans les statistiques portant sur la thématique. La BDHL comporte en effet une indexation thématique des œuvres recensées[2]. A l'aide d'un thésaurus d'environ 800 termes, les indexeurs associent à chaque titre une vingtaine de mots clés représentant les thèmes majeurs de l'œuvre. A titre d'exemple, voici la fiche de *Notre-Dame de Paris* :

> *Notre-Dame de Paris* (Hugo) : 1831.
> Éditeur : C. Gosselin.
> Genre : Prose, Fiction, Roman.
> Thèmes : amour, beauté, bohémien, cachette, clergé, église, fatalité, femme, homicide, mal, monstre, mort, passion, péché, peine de mort, peuple.

1. Seghers, 1990.

2. Pour tout complément d'information sur cette indexation, je ne peux que renvoyer à mon livre, dans lequel on trouvera toutes les précisions techniques souhaitables : *De quoi parle ce livre ? Élaboration d'un thésaurus pour l'indexation thématique d'œuvres littéraires*, Champion, 1994.

On mesure les limites d'une telle entreprise : l'indexation est largement subjective, le thésaurus réduit le vocabulaire de l'analyse, le nombre de mots clés retenus ne permet de rendre compte que de manière très schématique, voire caricaturale, de l'ensemble du roman. Cependant, ces réserves faites, une telle indexation permet ce que l'on ne pourrait obtenir autrement, à savoir une statistique sur la thématique. Voici une comparaison entre les thèmes les plus fréquents dans l'ensemble de la BDHL, dans les romans et dans les autres œuvres de notre période :

	Ensemble de la BDHL	*Romans XVIIIe-XIXe*	*Autres œuvres XVIIIe-XIXe*
1	Amour	Amour	Amour
2	Mort	Mort	Mariage
3	Femme	Femme	Nature
4	Guerre	Passion	Religion
5	Amitié	Jeunesse	Mort
6	Mariage	Mariage	Histoire
7	Nature	Amitié	Dieu
8	Religion	Noblesse	Société
9	Voyage	Emprisonnement	Beauté
10	Passion	Aventure	Politique
11	Dieu	Voyage	Femme
12	Beauté	Jalousie	Liberté
13	Politique	Bonheur	Noblesse
14	Jeunesse	Argent	Passion
15	Liberté	Bourgeoisie	Poète
16	Jalousie	Maladie	Philosophie
17	Histoire	Nature	Jeunesse
18	Noblesse	Adultère	Bonheur
19	Rêve	Clergé	Mœurs
20	Solitude	Enfance	Création littéraire
21	Souvenir	Guerre	Art
22	Famille	Mœurs	Valeurs morales

La comparaison entre ces trois index nous montre ce qui fait la spécificité du genre romanesque. La grande ressemblance du haut des deux première colonnes ne tient pas seulement à la grande proportion des romans dans l'ensemble de la BDHL. Elle vient aussi de ce que le roman, genre le plus populaire, aborde les thèmes qui ont la plus grande faveur du public. La littérature passée a été purgée de tout ce qui n'entrait pas dans le modèle *l'amour-la mort-la femme*, dont nous aurions tort de croire qu'il est universel et éternel. La thématique religieuse, par exemple, a d'abord été dévolue aux genres non-romanesques, puis s'est peu à peu affaiblie dans notre littérature. Comme on le constate à toute époque, le genre dominant se charge de tous les thèmes centraux à un moment donné. Et, dans une réciprocité dialectique bien équilibrée, il est le genre dominant parce qu'il est le mieux à même d'aborder ces thèmes. L'évolution thématique du roman au XXe siècle permet de conforter cette idée. On y voit monter aux troisième et quatrième places l'*amitié* et la *guerre*, la *solitude* venant prendre le sixième rang. S'il est impossible ici d'étudier dans le détail chacun des thèmes et son évolution, on peut donner une idée de l'histoire des trois thèmes romanesques majeurs en montrant le nombre de romans indexés par chacun des termes *amour*, *mort* et *femme* :

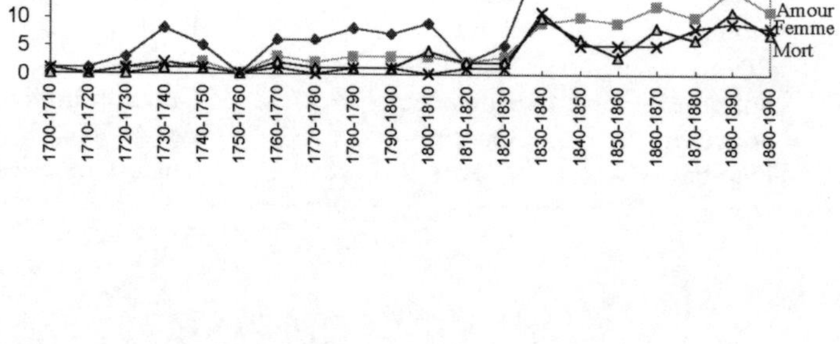

S'il est difficile de tirer des conclusions des chiffres assez faibles concernant le XVIIIe siècle, on peut faire un certain nombre de remarques sur le XIXe siècle. Le renouveau romanesque de 1830-1840 est marqué par une remontée des thèmes de la *femme* et de la *mort*, caractéristiques du romantisme. A la fin du siècle, le succès du roman n'est plus celui des trois thèmes étudiés ici : leurs courbes ne suivent plus celle de la production romanesque[1]. En revanche, les baisses de production des années 50 et 70 ne se marquent que très légèrement dans la thématique de l'*amour*, dont on pourrait dire qu'il est un fond commun du roman du XIXe siècle, dont le niveau ne varie que très peu entre 1830 et 1900. Mais, dans le domaine thématique plus encore que dans tout autre, il faut faire très attention à ce qui est cartographié ici : une indexation thématique faite en 1995 sur des œuvres sélectionnées en 1995. Dès lors, il n'y a d'objectivité possible que dans la prise en considération de cette double relativité. Dire *de quoi parle* un roman est une opération éminemment subjective, une construction de lecture conditionnée par l'histoire littéraire et ses pratiques. La seule étude possible est celle de cette construction, la seule histoire possible celle des évolutions de cette représentation. Au cas présent, il faudrait montrer comment nos obsessions contemporaines nous ont fait d'abord choisir ceux des romans du passé qui s'inscrivaient dans notre thématique favorite, et ensuite nous ont fait lire ces œuvres avec ces lunettes modernes. Dire que *Notre-Dame de Paris* traite de la *peine de mort* est une réfection de ce type, opérée à partir de ce que nous savons des combats postérieurs de Hugo et de nos propres attitudes à l'égard de ce débat.

La difficulté de cette approche thématique, par laquelle je terminerai cette présentation, permet de montrer toute l'étendue de la question posée plus haut sur l'intérêt, et même sur la possibilité d'étudier statistiquement l'histoire littéraire. Il est toujours possible de compter et de calculer mais sur quoi

1. *Mariage, adultère, bourgeoisie, amitié, enfance, nature* deviennent plus fréquents.

porte cette statistique ? Tout ce que l'on peut étudier en matière d'histoire littéraire, nous l'avons vu, c'est la représentation que nous en avons. Il y a en réalité deux voies différentes :

— celle d'une étude exhaustive de la production éditoriale, qui est du ressort de la bibliologie, de la bibliométrie, et qui butte très vite sur le problème de la littérarité des textes ;

— celle d'une étude des pratiques de lecture (Yves Chevrel propose le concept d'*histoire des lectures*)[1], qui renvoie, pour justifier ses objets, aux choix et aux habitudes du lectorat étudié.

Il n'y a que la deuxième approche qui s'apparente à ce que l'on a appelé jusqu'à maintenant *histoire littéraire.* Mais au prix d'un important déplacement de perspective : il ne s'agit plus de justifier les choix littéraires mais seulement de les mettre en évidence et de les expliquer, l'histoire littéraire traditionnelle n'étant elle-même qu'une des pratiques étudiées. Voilà à quoi peuvent servir les banques de données et les statistiques. Au-delà de cette approche historique, l'informatique peut être l'irremplaçable outil d'une gestion de notre patrimoine littéraire. L'Édition et l'École, par exemple, pourraient ainsi, en s'appuyant sur l'étude de l'histoire littéraire, sélectionner les textes qui correspondent le mieux aux besoins, à la sensibilité et aux intérêts des lecteurs d'aujourd'hui. Des redécouvertes, comme celle de Sade ou Crébillon au XXe siècle, pourraient être facilitées par ce type d'outil. Ces choix éditoriaux et pédagogiques reposent habituellement sur l'intuition et le goût, c'est-à-dire sur des critères souvent implicites et irrationnels. La nécessité est grande d'une gestion plus systématique de notre héritage, parce que des centaines de milliers d'ouvrages ne sont plus lus, et parce que des millions de lecteurs ne trouvent pas les ouvrages dont ils ont besoin.

Michel BERNARD
(Centre de recherches Hubert de Phalèse, Université Paris III)

1. Yves Chevrel, « Écrire l'histoire des lectures ? », in *L'Histoire littéraire aujourd'hui, op. cit.,* p. 129.

Un thésaurus informatisé pour la topique romanesque. Le projet de la SATOR

Histoire véritable de SATOR et de TOPOSATOR

Origines. — La SATOR, Société internationale d'analyse de la topique romanesque avant 1800, a été fondée en 1986, à la Sorbonne, lors d'une réunion internationale que présidèrent Henri Coulet (France), Nicole Boursier (Canada) et Eglal Henein (États-Unis) et où votèrent plus de cent chercheurs. Son objectif fut déclaré dès la séance inaugurale : la constitution d'un thésaurus des topoi narratifs dans les fictions rédigées ou traduites en langue française, du Moyen Age à la Révolution. Ce projet séduisant mais ambitieux, qu'un individu isolé n'eût osé formuler auparavant, ne pouvait se réaliser que lié à la puissance infinie de l'électronique et à la coopération de nombreux spécialistes internationaux. Il fallait définir le topos narratif, repérer des occurrences dans les œuvres romanesques et établir un répertoire de topoi, les mettre en fiches consultables par plusieurs entrées. Mais le plus difficile était de trouver le logiciel adapté à nos besoins de spécialistes du roman, historiens et narratologues. Or il n'en existait pas sur le marché.

C'est alors qu'une équipe dirigée par Pierre Rodriguez et Michèle Weil, rattachée au Centre d'Étude du XVIIIe siècle (ESA 5050 CNRS) – équipe interdisciplinaire mêlant chercheurs informaticiens (Éric-Olivier Lochard, mathématicien-concepteur, et le linguiste Daniel Savey) et littéraires – a conçu et réalisé le logiciel TOPOSATOR[1]. L'équipe est ainsi devenue tête de réseau de la SATOR. Mais le caractère international de la société n'a cessé de se confirmer : une cinquantaine de membres d'Amérique du Nord, une cinquantaine d'Européens et quelques satoriens d'Afrique, répartition que reflètent les lieux des colloques annuels et la composition du bureau et du conseil d'administration[2].

La recherche collective internationale. — Depuis 1986, la recherche a dû s'organiser, d'abord de façon classique, au rythme de colloques annuels et de bulletins de liaison réguliers. Les colloques – Sorbonne 1987, Toronto 1988, New York 1989, Montpellier 1990, Lisbonne 1991, Winnipeg 1992, Paris-Orsay 1993, Louvain 1994, Milwaukee 1995, Johannesburg 1996 – donnent l'occasion de faire collectivement le point sur l'avancée des recherches et l'établissement du thésaurus. Ils sont organisés autour d'un thème (la lecture en 1994, la violence en 1995, les objets d'art en 1996...) qui permet de faire converger les travaux du groupe, et donc d'avancer méthodiquement dans un corpus très vaste. D'autre part, à l'occasion du colloque, un stage donne la possibilité aux satoriens de manipuler le logiciel et de saisir des topoi.

Mais depuis 1995, le rythme des activités de la SATOR a bénéficié de la création d'une liste de discussion sur Internet. Outre l'échange régulier des données, la rapidité du courrier électronique a rendu possible le débat permanent entre les chercheurs[3].

1. Le logiciel TOPOSATOR est publié et commercialisé par le Service des publications de l'Université Paul-Valéry à Montpellier 3, Michèle Weil responsable. Il a été déposé sous pli SOLEAU. Un PROTOCOLE protège les droits de chaque collaborateur.

2. La présidente actuelle vient de l'Université de Toronto, Nicole Boursier, la secrétaire générale est française, Michèle Weil et les vice-présidentes sont américaines, Gabrielle Verdier et Marie-Hélène Chabut.

3. Adresse électronique de la présidente : boursier@chass.utoronto.ca et adresse électronique de TOPOSATOR : weil@bred.univ-montp3.fr.

Devant ce succès, la mise en place d'un serveur (WWW) est en cours, pour harmoniser encore davantage les travaux du groupe et mettre à la disposition permanente des chercheurs intéressés toutes les informations sur la SATOR, l'état de ses recherches, etc.

Par ailleurs, depuis 1996, tous les membres de la SATOR sont équipés d'une version du logiciel et du thésaurus. Le dépouillement du corpus peut ainsi être systématisé, en fonction des choix de chacun des chercheurs et de leurs spécialités.

Le projet littéraire et ses finalités

Qu'est-ce qu'un topos narratif ?[1]. — La définition, opératoire et heuristique, du « topos narratif » tient en quatre mots : configuration récurrente d'informations narratives. Le topos narratif n'a que de lointains rapports avec celui, mieux connu, de la rhétorique ancienne qui dressait des répertoires d'arguments généraux pour rédiger les discours. Le topos narratif de la SATOR est un *scénario* romanesque, dont on repère plusieurs manifestations dans les fictions narratives en langue française jusqu'à 1800.

Le topos narratif n'a rien d'abstrait : il n'existe pas préalablement à ses manifestations textuelles. Après avoir découvert un scénario dans plusieurs romans, un satorien a l'intuition qu'il peut s'agir d'un topos. Il le soumet, avec textes à l'appui, à l'ensemble des chercheurs. Mais c'est la culture collective des spécialistes du roman français qui confirmera ou infirmera cette intuition. Après débat, dialogue, consultation, le comité scienti-

1. Voir l'étude de Pierre Rodriguez et Michèle Weil, « Comment repérer et définir le topos ? », parue dans *La naissance du roman en France,* « Colloque international tenu à l'Université de Toronto en mars 1988 », *Actes* édités par Nicole Boursier et David Trott, *Biblio 17, Papers on French Seventeenth Century Literature,* Paris-Seattle-Tübingen, 1990, 156 p., p. 123-137. Voir aussi l'article « Un logiciel pour l'histoire littéraire », article paru dans *RHLF,* n° 6, 1994, in *Notes et documents,* p. 1038-1055.

fique décide. Si le caractère récurrent du scénario est attesté, il est établi comme « topos ».

Récurrence. — Sans « récurrence », point de topos. Le principe – et l'originalité de l'entreprise de la SATOR – tient précisément dans l'étude de l'évolution du roman sur la longue durée : depuis les romans grecs traduits jusqu'aux romans révolutionnaires. Son approche ne se limite pas à une analyse actantielle, structuraliste ou purement formelle, mais prend en compte l'*histoire* des formes et des thèmes romanesques. Le topos a une date de naissance, une fraîcheur et une innocence vite effacées, puis connaît des aventures et des avatars, des alliances et des divorces, du succès, des désaffections, des disparitions passagères, une mort, parfois des résurrections. Dans ses premières manifestations, le scénario romanesque est par définition un non-topos, invention créatrice originale. La configuration narrative ne se qualifie comme topos que par ses apparitions ultérieures, dans le texte d'un autre auteur, et ne se confirme comme tel que chez un troisième auteur, etc. Son ultime confirmation est d'être désigné comme topos dans un texte parodique. Mais, pastiché ou moqué, le topos n'en reste pas moins actif.

L'étude argumentée de ces phénomènes de récurrence impose de constituer un thésaurus riche de références textuelles (ou occurrences de topoi). Selon les objectifs que nous nous sommes fixés, il faut que le thésaurus passe des mille six cents occurrences de topoi actuellement répertoriées à plus de quatre mille. Ce travail est en cours.

Information narrative.

a) Le topos ne peut pas se résumer en un mot tel que « violence » ou « couvent » ou « narrataire » ; il ne peut se résumer que par une phrase rassemblant ses divers éléments, justement parce qu'il est narratif, donc qu'il raconte. La récurrence chez Boccace, Marguerite de Navarre, Rabelais, Mme de Villedieu, Quinault, Marivaux, Voltaire, permet par exemple de repérer le topos suivant : « Un homme sauve une femme des bêtes qui l'attaquent. » Par commodité on peut lui donner la dénomination abrégée : « femme_sauvée_des_bêtes », mais seule une phrase, comportant un verbe d'action, est capable de définir le topos au sens plein.

b) Nous proposons donc la narrativité comme l'une des composantes de la définition du topos, sous les formes du « micro-récit » et de la « séquence narrative ».

Dans le cas du micro-récit avec ouverture et clôture, les éléments sont répartis au long du texte narratif, comme dilués dans le grand récit : « Un héros bourgeois ou paysan parvient à la fortune ou à la noblesse. » Dans d'autres cas, le topos est constitué d'éléments concentrés sur une seule page ou un seul paragraphe, une séquence narrative : par exemple le topos du coup de foudre, qui se repère dès le roman grec de Chariton, *Les Aventures de Chéréas et de Callirhoé.*

Une configuration. — Reste à préciser ce que recouvre le terme « configuration ». Le topos narratif raconte, il est donc nécessairement constitué de plusieurs composantes – nommées *toposèmes* – tels que « homme », « sauver », « femme », « bête »... pour formuler le topos « une femme est sauvée par un homme de l'attaque d'une bête sauvage ».

Notions voisines. — Définir, c'est exclure. Mais il peut être efficace de « récupérer » les notions voisines, à condition de se mettre d'accord sur une terminologie commune.

a) « Catégorie » : l'une des tâches de l'analyse satorienne sera de classification. Un toposème tel que « confidence » peut être étudié comme catégorie de la confidence si l'on étudie tous les topoi où apparaît ce toposème (le thésaurus informatisé les livrera tous sur demande).

b) « Lieu commun » et « topos » : le lieu commun est une configuration récurrente ressentie comme banalité – une non-information. Il renvoie à la *doxa* d'une société donnée : « La naissance aristocratique procure une supériorité », généralité qui ne suffit pas à constituer un topos. Mais l'occurrence textualisée avec référence bibliographique, « la noblesse des manières du héros ou de l'héroïne prouve une naissance noble » (chez Chariton, Sorel, Challe, Marivaux), peut être un topos narratif.

c) « Thème » : le thème (par exemple l'inégalité sociale) est au niveau de généralité de la catégorie. C'est une virtualité, de l'ordre du sens ou du programme narratif, non de la classification. On « traite » un thème, on ne traite pas une catégorie. On ne traite pas non plus un topos : il est déjà textualisé et particularisé, inscrit dans le linéaire du texte, donc distinct du thème. Les topoi sont des manifestations du thème, ou encore des thèmes « traités » sous une forme narrative.

d) « Type » et « topos » : le type du jaloux est-il un topos ? Non, mais c'est un toposème. Au chercheur de demander à la machine de chercher les topoi contenant ce toposème, puis d'étudier « jalousie_mène_à_folie » ou « jalousie_vengeance » ou « jalousie_quiproquo ». Sans être un topos, le « type », trait d'union entre plusieurs topoi, peut se déployer en micro-récits ou en séquences narratives.

e) De même pour l'allusion culturelle ou la citation : « un vrai Don Juan » ; suggestion par l'implicite ou désignation explicite, ce ne sont pas des topoi puisque ce ne sont pas des configurations narratives, mais ils peuvent servir de toposèmes communs à plusieurs topoi. De même encore pour le proverbe (maxime populaire), l'adage (*ad agendum*, proverbe ancien), la sentence (maxime considérée du point de vue littéraire ou oratoire), la maxime (pensée d'ordre moral brièvement formulée) ; tous sont de l'ordre du lieu commun.

f) Le stéréotype, le cliché, le décalque, le poncif sont des banalités, répétées dans les mêmes termes, et fréquemment. « Curieuse comme une femme », disent souvent les personnages de Robert Challe. Ces termes, encore plus péjoratifs que « lieu commun », condamnent des platitudes et un total manque d'invention.

g) Le « motif » mérite une place à part. Détail figuratif récurrent, forme autonome et mobile (une mère allaitant un enfant, ou un petit chien aux pieds d'une jolie femme), pouvant s'intégrer dans un ensemble plus vaste où il perd tout ou partie de ses significations anciennes, au profit d'investissements sémantiques nouveaux, le « motif » étudié par les historiens de l'art et par les sémioticiens a quelque chose à voir avec notre topos.

h) L'interprétation ne fait pas partie de la problématique du topos : dire que le topos de « la femme sauvée des bêtes par un héros » renvoie à un mythe occidental de l'homme protecteur d'une femme toujours mineure, de la victoire de l'homme sur la nature brute et même de l'âme sur les pulsions, c'est ce que nous permettra l'inventaire topique, mais cela ne doit pas intervenir dans le repérage du topos et dans la constitution du thésaurus. En donnant aux chercheurs les informations nécessaires à l'histoire de ce topos, le thésaurus favorisera simplement le renouvellement de telles analyses.

Finalités. — Il est possible d'en voir au moins trois.

Le topos est un objet historique et à ce titre constitue un témoin précieux pour l'historien de la littérature. Il permet une réévaluation de l'histoire littéraire, à partir d'une meilleure connaissance des structures, formes et thèmes narratifs. La synthèse des occurrences textuelles d'un même topos ou d'un ensemble topique permet de suivre l'histoire des topoi : leur naissance, leur évolution, leurs modifications, leur disparition, leur résurrection, en remontant vers l'origine (lors de sa première apparition textuelle, le topos n'est évidemment pas encore topos mais création originale), ou bien, en sens inverse, en repérant ses parodies ; lorsqu'un topos est parodié ou subverti, il est établi comme tel dans la conscience esthétique collective.

Ensuite le topos est intimement lié à l'évolution des genres. Par exemple, pourquoi les topoi du masque abondent-ils avant 1730 et se font-ils plus rares dans la période 1730-1800 ? A côté des réponses concernant les changements des mœurs, on peut y voir un indice du passage du récit d'aventures et du roman héroïque au roman de mœurs qui se produit dans ces années-là. Le thésaurus permettra alors de repenser la formation du roman occidental, mais aussi de poser autrement les problèmes esthétiques des genres narratifs : le conte de fées ou la pastorale ou l'histoire véritable par exemple pourront peut-être se définir par leurs topoi, ou par leurs succession et combinaison de topoi.

Enfin, la consultation du thésaurus permettra de poser autrement un problème fondamental de la création littéraire : définira-t-on comme art combinatoire de topoi l'invention romanesque de tel ou tel romancier et dans ce cas pourra-t-on trouver un principe combinatoire qui rendra compte de sa technique narrative unique ? Ou bien la création romanesque, jaillissement d'un imaginaire, restera-t-elle située au-delà de la problématique topique ? Notre hypothèse est que l'inventivité romanesque se nourrit de topoi. En en dressant l'inventaire, les chercheurs pourront étudier l'inventivité romanesque de façon mieux documentée, et réexaminer les notions traditionnelles de réception, de source, d'influence, de courant, d'école, d'inspiration et d'originalité.

TOPOSATOR : le logiciel du thésaurus topique[1]

Le logiciel TOPOSATOR gère plusieurs fichiers :

— un fichier des topoi (plus de 400 actuellement) et un autre fichier comprenant leurs occurrences (plus de 1 600 actuellement)[2] ;

1. Pour une description du logiciel, se reporter à deux articles écrits par son concepteur, Éric-Olivier Lochard : « A propos de TOPOSATOR », in *Utopie et fictions narratives, Parabasis 7,* Alta Press, Canada, 1995, p. 257-267 et « TOPOSATOR et ARCANE : la nouvelle technologie dans le contexte des thésaurus et des éditions critiques », in *Literary and Linguistic Computing,* vol. 10, n° 2, 1995, p. 151-164.

2. Voir les photographies d'écran 1 (fichier des topoi), et 2, 3, 4 et 5 (fichier des occurrences). Le fichier des topoi est en fait double : il contient une base expérimentale (topoi supposés ou images topiques) et une base validée par le comité scientifique (topoi confirmés).

— un fichier de toposèmes (vocabulaire de base, composantes stables des formules topiques), classés selon une structure arborescente, au nombre de quelque 3 000. Chaque toposème peut avoir autant de synonymes que nécessaire, d'où les quelque 6 000 mots du dictionnaire actuel[1].

— un fichier bibliographique comprenant à la fois les références bibliographiques abrégées, commodes, et les références traditionnelles complètes[2].

Les photographies d'écran jointes en annexe montrent quelques exemples de ce que le logiciel permet :

a) La saisie :
- des fiches ;
- du topos ;
- de ses récurrences ;
- des fiches bibliographiques.

b) La consultation de ces données selon les intérêts particuliers de chaque chercheur. Ces « entrées » dans la banque de données sont multiples, au choix : dates, titre et auteur du texte, fiches de topos, toposèmes, nom du rédacteur de la fiche, etc.

L'originalité de cette banque de données n'est pas seulement liée à son objectif précis (topique romanesque des origines à 1800)[3]. Elle réside surtout dans la gestion électronique des composantes de la phrase du topos, reliées par des opérateurs logiques au nombre d'une vingtaine (sujet, prédicat, objet, état 1, état 2, lieu, circonstance, de, qui, que, dont, et, ou, et/ou, concession, but, succession, cause-effet, +, et fonction textuelle). La machine peut ainsi trouver, en quelques secondes, un seul ou plusieurs des éléments qui composent telle ou telle configuration narrative topique – et ce dans des centaines de topoi.

1. Voir les photographies d'écran 8, 9 et 10.
2. Voir la photographie d'écran 7.
3. Car le logiciel pourrait facilement rendre compte de topique poétique ou théâtrale ou picturale, ou d'autres époques, au prix de l'adaptation de son dictionnaire.

Recherche de topoi assistée par ordinateur. Ou comment venir à l'aide d'une héroïne de roman... et du chercheur

Le topos de « la femme sauvée des bêtes ». — Voici l'esquisse d'une étude littéraire des données informatisées à partir de l'épisode du sanglier et d'Antiope, dans *Les Aventures de Télémaque*, de Fénelon (XVIIe livre). Au cours d'une chasse, Télémaque sauve Antiope d'un sanglier « énorme », « monstrueux », qu'elle a blessé sans le tuer. J'hésitais à imposer une interprétation du monstre comme figuration du désir masculin, provoqué par l'agression de la jeune fille. Certes le texte de Fénelon me conduisait fermement à cette lecture par l'assimilation de Télémaque à un « sanglier écumant », développée une centaine de pages plus haut :

> Télémaque sortit en frémissant de rage. Tel qu'un sanglier écumant, qui cherche le chasseur par lequel il a été blessé, on le voyait errer dans le camp, cherchant des yeux son ennemi et branlant le dard dont il le voulait percer[1].

Vérité poétique du paradoxe logique : Télémaque est à la fois le sanglier et le nouvel Hercule qui en triomphe. De plus, c'est bien Antiope qui attaque la première, « blesse » le sanglier, « lance un trait qui le perce », vocabulaire ambivalent et récurrent de la chasse et de l'amour. Mais cette interprétation contredit si fortement la leçon superficielle de l'épisode – Antiope en vierge modeste, douce, réservée, Télémaque en héros courageux, vertueux, chevalier courtois qui défend sa dame – que le recours au thésaurus TOPOSATOR s'est révélé décisif.

Le topos « femme_sauvée_des_bêtes » est établi par vingt-sept occurrences saisies, fournies par une dizaine de spécia-

1. *Les Aventures de Télémaque,* édition de Jeanne-Lydie Goré, Classiques Garnier, 1994, p. 411.

listes de divers siècles et de divers genres narratifs[1]. Descendant de l'archétype mythique du trio constitué par Andromède, Persée et le monstre, le topos abonde dans les romans de genre sérieux, chevaleresques ou héroïques jusqu'à la fin du XVIIe siècle :

– les *Amadis* (1540-1548),

– le prologue de l'*Heptaméron* (1559) de Marguerite de Navarre : où deux damoiselles sont sauvées de justesse d'un ours des Pyrénées qui tue tous leurs serviteurs,

– *Alcide* de PAD, le sieur d'Astorgues : Hérone est sauvée d'un lion par Pacore,

– *Bérénice* de Segrais (1648-1649) : Zénobie est sauvée d'un lion par Tiridate,

– *La Cythérée* de Gomberville (1642) : Calisthe tue un serpent qui semblait menacer Cythérée,

– *Antiope* de Guérin du Bouscal : Périgonne est sauvée de plusieurs lions par Urilame,

– *Mithridate* de Le Vayer de Boutigny : Antigone est sauvée d'un crocodile par Pyrrhus,

– *Caritée* de Caseneuve,

– de multiples romans de Mme de Villedieu (1667-1672) : *Anaxandre* : Anaxandre sauve l'héroïne d'un cheval emporté ; *Les Galanteries grenadines* : le marquis de Calis sauve la princesse Moraysele d'un sanglier « plein de rage », *Alcidamie* où la belle inconnue est sauvée d'un « furieux sanglier tout écumant » par Théocrite, *Les Amours des grands hommes*, où la duchesse d'Aumale est sauvée par d'Andelot d'un sanglier alors qu'elle est tombée de cheval (ce qui permet à d'Andelot d'entrevoir ses charmes), *Les Nouvelles Africaines* où les filets de pêche sont rompus par d'énormes poissons et les dames sauvées de la

1. Ces occurrences ont été établies grâce aux rédacteurs suivants : Mmes Anne Garréta, Denise Godwin, Églal Henein, Donna Kuizenga, Suzanne Toczyski, Michèle Weil, MM. Bill Brooks, Edward Callagher, Peter Cogman, Bill Everdell, Gérard Gautier, Normand Lalonde, François Rigolot, Pierre Rodriguez.

noyade par le Marquis ; dans le même roman, Isabelle est sauvée d'un sanglier par Dom Pedre,

– de multiples contes de fées ;

– *Les Aventures de Télémaque* (1699).

Cependant, le scénario comporte des variantes. L'homme sauveur est parfois une femme :

– dans *Célinte* de Mlle de Scudéry, Célinte est sauvée d'un effroyable serpent par son amie Clarinde ;

– Quinault joue à troubler le topos dans *Le feint Alcibiade*, où c'est une femme déguisée en homme, Cléone sous le nom d'Alcibiade, qui sauve son amant Lisandre, sans en être reconnue, d'un sanglier monstrueux ;

– la Sylvie de Mme de Villedieu garde son sang froid, pistolet à la main, pour se défendre d'un sanglier.

Dans ses prolongements au XVIIIe siècle, le topos se voit parodié :

– dès *Le Paysan parvenu* de Marivaux (1734), l'histoire du loup tué par le pauvre gentilhomme (qui mérite par cet exploit d'enlever à son riche rival bourgeois la main de la belle), commence explicitement à être soupçonnée de « romanesque », puisque M. Bono s'en moque ouvertement, c'est-à-dire que le topos est ressenti comme tel par un lecteur ou un auteur exigeant ;

– Candide (1759) sauve deux femmes mordues aux fesses par des singes ; le topos est ici parodié puisque les singes sont en réalité les amants des deux dames : le candide Candide est victime du topos romanesque qui l'empêche de bien voir, trop pressé d'agir comme on le fait dans les romans.

Perspectives. — Enfin, des investigations du côté des livrets d'opéra, ou vers les œuvres des siècles suivants mettraient à jour la postérité du topos :

– dans *La Flûte enchantée*, Papageno est plaisamment sauvé des lions par les servantes de la Reine de la Nuit ;

– plus tard encore, une version ironique en est présentée par Mérimée dans *Lokis*, où la femme paraît sauvée par les efforts des hommes, mais pour en être fort maltraitée ensuite. Dans le prolongement de ce topos subverti, révélant son essence par cette subversion même, dans *Le Pont de Londres* (*Guignol's band* II) de L.-F. Céline, les hommes sont les « bêtes » dans la scène d'orgie du Touit-Touit Club, puis l'héroïne Virginie est violée sous la pluie par son sauveur lui-même devenu bestial.

L'évolution du topos vers ses emplois ironiques en confirme de plus en plus cruellement la signification séculaire : la bête sauvage ou le monstre incarnent les pulsions masculines, dont les héros eux-mêmes, civilisés capables d'autocensure, doivent ou devraient défendre la faible femme aimée. L'ambivalence de Télémaque, qui s'autocensure lorsqu'il décapite le sanglier (« monstre » emblématique des coupables pulsions excitées en lui par la belle et vertueuse Antiope), en ressort bien établie. La consultation de la banque de données permet également de voir se dessiner les critères d'un genre et ses glissements vers d'autres genres narratifs. Sans le thésaurus informatisé TOPOSATOR qui a réuni et rendu accessibles – par des mots clés ou par des formules narratives – les données établies par la collectivité des spécialistes, ce type d'étude serait difficilement réalisable.

L'histoire, ici esquissée et inachevée, d'un seul topos révèle la fécondité de données informatisées. Comment prévoir les découvertes qui résulteront de plusieurs dizaines ou centaines d'occurrences venues de différents chercheurs, mises en relation électronique sous nos yeux, sur l'écran ou imprimées ? Toute composante des occurrences et des topoi (auteurs, titres, dates, variantes, lexique des toposèmes) pourra être mise en relation avec les autres, selon les questions que le chercheur posera à la machine. La mémoire collective du thésaurus pourra renouveler les études littéraires, mais elle ne se constitue, jour après jour, que grâce à chacun d'entre nous.

Michèle WEIL (Université Montpellier III - Paul-Valéry)

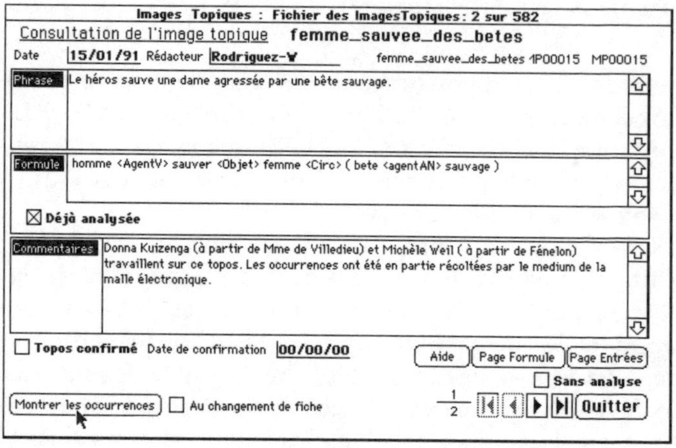

Fig. 1. — Dans le fichier des images topiques (ou topoi supposés) on consulte la fiche « Femme_sauvée_des_bêtes » et l'on appelle les occurrences par le bouton « Montrer les occurrences ».

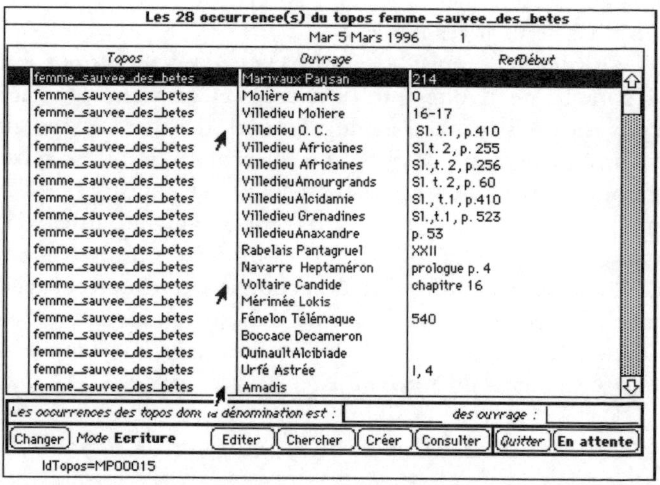

Fig. 2. — Liste des occurrences du topos « Femme_sauvée_des_bêtes »

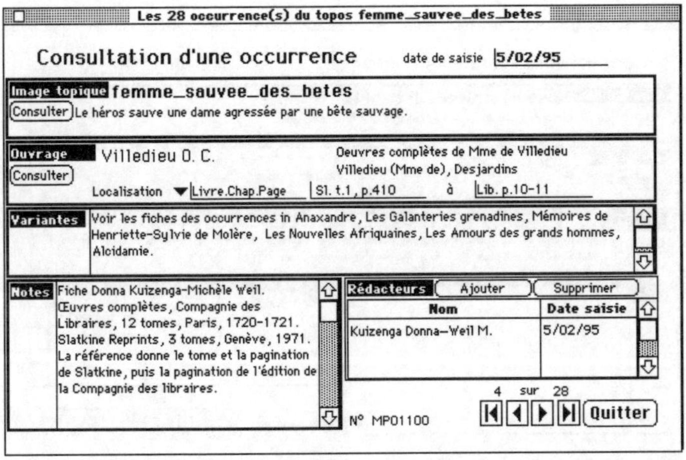

Fig. 3. — Consultation de l'occurrence n° 4

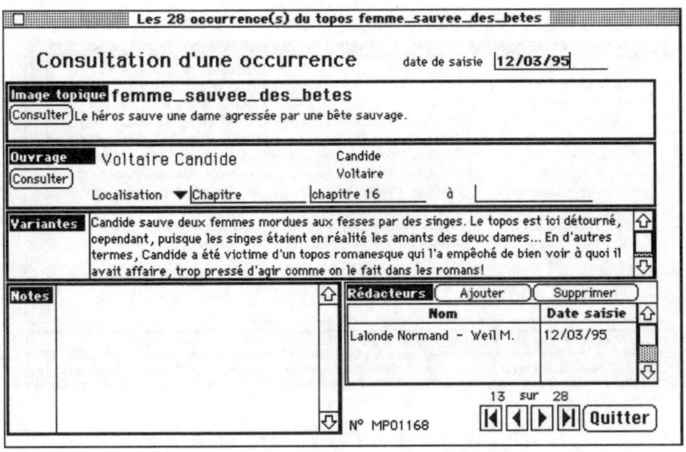

Fig. 4. — Consultation de l'occurrence n° 13

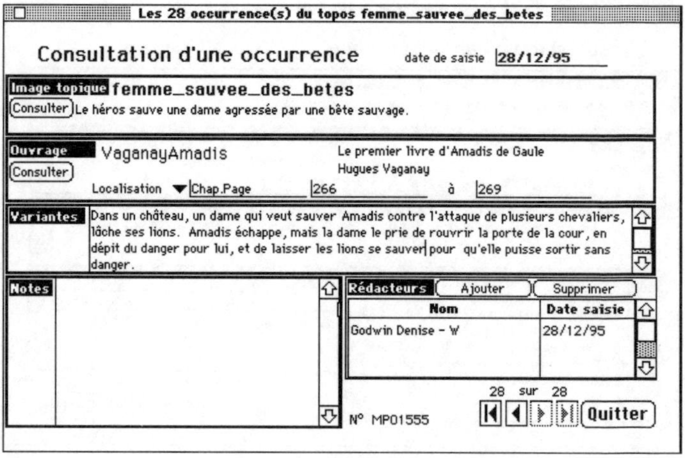

Fig. 5. — Consultation de l'occurrence n° 19

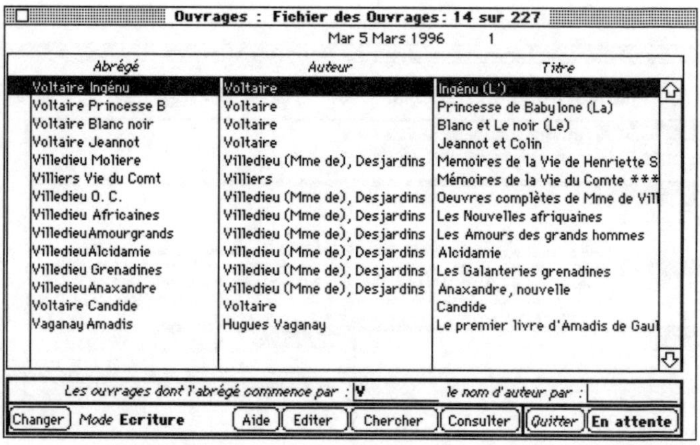

Fig. 6. — Le fichier des ouvrages.
On a appelé ici les ouvrages répertoriés
dont l'abrégé (nom de l'auteur et début du titre) commence par V.

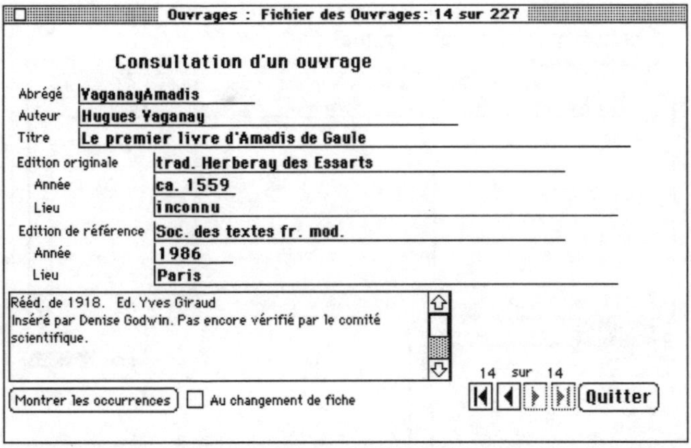

Fig. 7. — Fichier des ouvrages :
on consulte la fiche consacrée à *Amadis*.

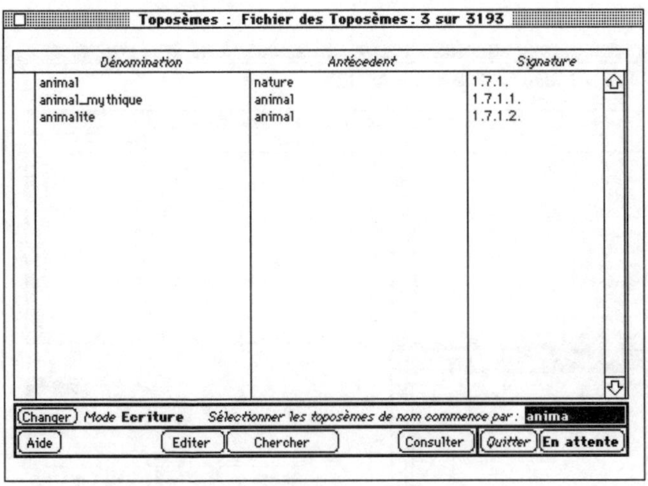

Fig. 8. — Fichier des toposèmes.
On a sélectionné les toposèmes commençant par *anima*.

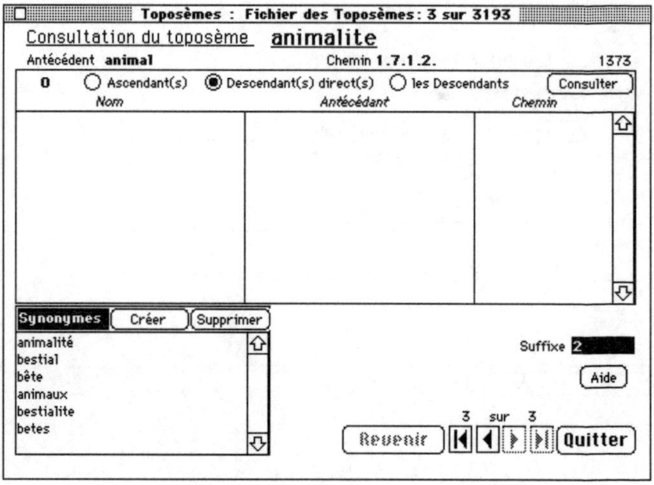

Fig. 9. — Consultation du toposème « animalité »

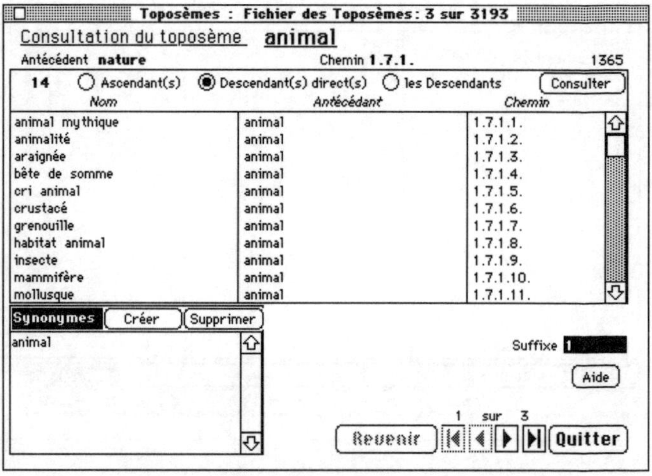

Fig. 10. — Consultation du toposème « animal »

ARCANE

Un logiciel pour l'édition scientifique et partagée des textes

Le groupe de coopération constitué au départ autour du Centre d'étude du XVIIIe siècle de Montpellier (URA 1037 du CNRS) et de plusieurs instituts de Moscou et de Pétersbourg, mais devenu maintenant largement polycentrique, développe un programme d'éditions partagées déjà étendu dans un domaine sans doute très vaste mais néanmoins cohérent, « L'étude des relations littéraires et culturelles entre la France et la Russie dans la seconde moitié du XVIIIe siècle et au début du XIXe siècle ». Une vingtaine de titres sont en préparation, ou à l'étude, dans la collection « Archives de l'Est : Littérature et relations culturelles » : de petites équipes de deux à quatre chercheurs sont responsables de traductions, d'éditions critiques, d'inventaires raisonnés de manuscrits, etc. ; il faut y ajouter des publications hors collection, notamment deux volumes des *Œuvres complètes* de Diderot, consacrés aux écrits de la « période russe ».

La plupart de ces travaux ont en commun trois caractéristiques :

– d'une part, ils se rapportent au même domaine, à la même période et recourent souvent aux mêmes sources documentaires ;

– d'autre part, ce sont généralement des publications préparées sur micro-ordinateur : dans le cas de la collection « Archives de l'Est » et de quelques autres ouvrages, la saisie est effectuée sur Macintosh avec un traitement de texte simple ;

– enfin, ils exploitent les principaux avantages de l'édition informatisée puisque les textes éditables sont paramétrés et préparés par leurs auteurs avant d'être envoyés à l'éditeur sous une forme balisée, ce qui leur permet de garder une pleine maîtrise de leurs ouvrages jusqu'au stade de la fabrication sous forme papier ou CD-ROM.

Dans ce contexte, l'équipe « Instrumentation informatique pour l'étude et l'analyse des textes » a été chargée de concevoir et développer le logiciel ARCANE. Il est aujourd'hui opérationnel et a permis, en février 1995, l'édition du premier volume de la collection « Archives de l'Est » : *Lettres de France* de Denis Fonvizine (CNRS, Éditions et Voltaire Foundation, Oxford).

Cahier des charges

Le logiciel d'aide à l'édition scientifique que nous voulions réaliser devait remplir trois fonctions essentielles :

Harmonisation des travaux des chercheurs et renforcement de la coopération à l'intérieur du groupe. — Une base de données centralisée mais facilement partageable contiendrait la quasi-totalité des informations rassemblées pour « Archives de l'Est », dont un stock d'éléments déjà façonnés. Chaque auteur pourrait alors profiter des recherches documentaires déjà effectuées, des notes déjà préparées, de la bibliographie cumulée dans les différentes publications achevées, ou même en cours d'achèvement.

Fonctions hypertextuelles. — Les textes s'éclairant les uns les autres, l'utilisateur devait pouvoir circuler commodément de l'un à l'autre. Il fallait concevoir un système de recherche qui permette de sélectionner rapidement dans la masse des textes et des commentaires toutes sortes d'informations (liées à leur contexte original), qu'elles soient factuelles, textuelles ou bibliographiques, afin d'en prendre connaissance, de pouvoir les utiliser, les compléter, éventuellement les corriger.

Traitement des textes. — Selon les mêmes modalités que les outils traditionnels de traitement de texte, ARCANE devait donner aux chercheurs les moyens d'établir, de composer, d'annoter, d'enrichir, et d'éditer des textes.

Caractéristiques générales d'ARCANE

ARCANE gère des *documents enrichis* (généralement des textes) destinés à être rassemblés et publiés sous forme d'*ouvrages*. C'est l'*éditeur intellectuel* qui détermine, en choisissant des *prescriptions*, la composition de l'ouvrage, la nature et la mise en page de tous les documents qui le composent, et décide des enrichissements autorisés.

Chaque document est enrichi par des *codocuments* (apparat critique, notes de travail...), et des informations destinées : à l'éditeur de l'ouvrage (formatage, typographie, index cumulatifs...) ; à la documentation des utilisateurs (annotations, indexations associées à des fiches détaillées d'entrées, commentaires, etc.) ; à la production de dossiers de travail (bibliographies, listes d'entrées, éditions d'éléments divers).

Il réunit dans une base de données facilement partageable et cohérente toutes les informations collectives (factuelles, textuelles, bibliographiques, toujours liées à leur contexte original) utiles aux chercheurs pour leur travail. Il produit, pour l'édition finale, un ensemble de documents ASCII balisés qui contiennent tous les renseignements nécessaires à l'éditeur. ARCANE permet de « naviguer » naturellement entre tous les textes de la base.

Les autorisations définies par l'éditeur intellectuel permettent de fixer les modalités d'accès de chacun des membres de son équipe aux différents éléments de l'édition et fonctions du logiciel.

Composition et structures

Un ouvrage est composé d'une série de documents typés, éventuellement rangés dans des dossiers (fig. 1), et administré par un éditeur intellectuel.

Un document est une suite de sections qui sont des textes enrichissables ou des images. On peut lui associer, conformément à son type, un ensemble d'informations complémentaires, éventuellement obligatoires, dont la saisie est automatisée par le logiciel: les compléments. Ces informations peuvent aussi servir de critères pour des recherches dans la base des textes: par exemple, chaque lettre d'une Correspondance peut être identifiée en lui associant un signataire, une date, un destinataire, un lieu d'expédition, etc., sans que ces indications apparaissent dans le texte de la lettre.

Dans ARCANE les documents sont structurés les uns par rapport aux autres selon trois types de relations:

– une *relation horizontale* de succession définie par l'éditeur intellectuel: un document succède à un autre. Cette relation permet d'organiser la suite des documents en ouvrages;

– une *relation verticale* de cotextualité qui définit certains textes (notes, variantes, avant-textes, notes de travail, commentaires, etc.) comme relatifs à d'autres: un texte est dit cotextuel à un autre. L'utilisateur instaure cette dépendance en faisant des enrichissements cotextuels;

– une *relation de liaison* qui permet d'attacher « librement » certains documents à d'autres. L'utilisateur établit cette liaison en faisant des « enrichissements par liens ».

ARCANE peut contenir plusieurs éditions achevées ou en cours d'achèvement, et des matériaux annexes ou préparatoires.

Enrichissements

La caractéristique fondamentale de ce logiciel est de permettre l'enrichissement des textes par un simple marquage de sélections de mots (dans les textes eux-mêmes, dans leurs cotextes, dans les entrées, les notices bibliographiques, etc.), afin d'une part de faciliter l'installation de l'apparat critique et celle des notes; et d'autre part d'autoriser de nombreux types de recherches.

Ces enrichissements sont prescrits pour chaque ouvrage par l'éditeur intellectuel qui définit ainsi un cadre de travail commun à tous les membres de son groupe. Ils servent aussi à paramétrer la fabrication des textes et à piloter la production du document final destiné à l'imprimeur.

Enrichissements sémantiques. — Ils permettent d'associer une valeur à des séquences de textes (citation, emphase, incipit, soulignement d'auteur, titre, début de lettre, etc.) et de fixer sa représentation typographique (police, style, corps). Pour le chercheur, ces enrichissements apparaissent dans un menu conformément aux modalités d'accès qui lui ont été attribuées par l'éditeur intellectuel.

Il faut noter que dans ARCANE les mises en forme typographiques sont toujours traitées comme la représentation d'un enrichissement sémantique. Ce principe correspond à l'idée qu'une mise en forme typographique est toujours la représentation visuelle d'une information, et qu'il vaut mieux noter cette information plutôt que sa représentation. L'éditeur peut donc à tout moment modifier la représentation d'un enrichissement.

La souplesse du système permet au chercheur de créer et de mettre en œuvre des enrichissements personnels non destinés à l'édition.

Enrichissements sur entrées. — Ils servent notamment à composer des documents cumulatifs (index, bibliographie, etc.), mais aussi à obtenir très facilement des informations en combinant de nombreux critères de recherche permettant de naviguer à travers tous les textes.

Pour cela, ARCANE dispose d'un lexique utilisable pour l'indexation et la recherche documentaire. C'est un ensemble de mots qui sont les formes lexicales d'une entrée typée, et/ou d'un thème, et/ou d'un synonyme.

– Chaque entrée (personne, personnage, lieu, référence bibliographique, etc.) est associée à un ensemble d'informations destinées à entrer dans la composition du document final, ou à former une réserve de données interrogeable pour aider aux travaux et à la documentation de tous les collaborateurs (fig. 2). Aujourd'hui le lexique contient par exemple les noms de personnes et de lieux rencontrés dans l'édition critique des *Lettres de France* de Denis Fonvizine. Tous ces termes peuvent être éventuellement accompagnés de leurs synonymes, mais aussi de sous-entrées et de renvois ;

– l'ensemble des thèmes ou notions forme d'autre part dans le lexique un thésaurus de structure arborescente : chaque thème qu'il répertorie peut être précisé par un ensemble de thèmes plus spécialisés. La version prototype de ce thésaurus pose encore des problèmes de formalisation et devra sans doute être redéfinie ;

– les formes rejetées renvoient à une entrée et/ou à un thème. Elles permettent de simplifier l'utilisation du lexique et de résoudre les difficultés liées à l'orthographe, en particulier celle des noms propres ;

– le chercheur peut nourrir le lexique en créant des entrées virtuelles qui pourront être utilisées plus tard et rattachées à des mots sélectionnés dans les textes ; il peut aussi saisir directement de telles entrées au cours des opérations de traitement et d'analyse des textes (indexation, constitution de la bibliographie, etc.).

Le principe est donc simple (fig. 3) : le chercheur sélectionne dans tous les textes les mots ou les groupes de mots qu'il souhaite enrichir ; chaque fois, il interroge le lexique pour savoir si une entrée existe déjà, ou s'il doit la créer sur-le-champ ; dans les deux cas, le système lui présente un masque qu'il doit remplir et qui lui permet de rattacher chaque sélection de mots à une ou plusieurs entrées principales (noms propres ou thèmes), directement ou sous la forme de renvois ou de synonymes (fig. 4).

Les références bibliographiques à des ouvrages ou à des articles sont traitées par ARCANE comme des entrées. Lors de chaque enrichissement, dans les textes ou dans les notes, ARCANE insère systématiquement un abrégé bibliographique qui renvoie à la fiche entrée de référence correspondante. Cet abrégé, enregistré dans la fiche entrée, est généralement composé du nom de l'auteur suivi de la date d'édition, et éventuellement d'un numéro permettant de distinguer les publications d'un même auteur et de même date.

ARCANE permet en outre de réaliser des bibliographies cumulatives pour un volume ou un ensemble de volumes de la collection : la bibliographie sera en effet commune à plusieurs publications se rapportant aux relations entre la France et la Russie au XVIIIe siècle.

Enrichissements cotextuels. — Ils permettent d'attacher à tout ou partie du texte des informations simples ou organisées (les codocuments).

Quand l'utilisateur marque dans les textes les sélections de mots auxquelles vont se rapporter des cotextes (notes ou variantes par exemple), le système lui présente un nouveau document à rédiger et à enrichir ; il peut même, s'il le désire, rattacher certains de ces documents (les notes par exemple), comme pour une indexation, à des noms propres ou à des notions. Il sera donc possible de savoir, avant la rédaction de chaque note, si des recherches ont déjà été effectuées sur le même sujet, le même personnage, etc., et pouvoir lire les informations obtenues, les copier et les réviser, etc.

Les cotextes qui génèrent des appels dans les textes (notes, variantes, structures, images, etc.) seront numérotés selon l'ordre des sélections associées lors de l'édition, et les appels seront insérés dans les textes par le système lui-même (fig. 5).

L'établissement de l'apparat critique relève du même type d'opération ; le système installe les appels de variantes dans le texte.

Enrichissements par liens. — Ils permettent d'attacher à tout ou partie d'un texte, tout ou partie d'un autre texte, une image, une séquence d'image. La sémantique de ces liaisons est définie dans des prescriptions de l'éditeur intellectuel qui crée ces enrichissements.

Enrichissements de division. — Ils permettent la structuration d'un texte sous forme arborescente (par exemple chapitres, sous-chapitres, sections, etc.). Ils servent à l'établissement automatique de la Table des matières. La numérotation de ces divisions est automatiquement calculée lors de la mise en page du document.

Traitement et édition des documents

Traitement de texte. — Le chercheur peut créer ou modifier les textes comme dans un logiciel de traitement de texte. Cette caractéristique est capitale, car elle offre beaucoup de « confort » au chercheur, et permet, dans des conditions peu restrictives, de récupérer et d'exploiter des travaux, textes et notes, avec toutes leurs spécifications propres, provenant d'utilisateurs travaillant dans d'autres contextes ou environnements, Apple, ou compatible IBM.

Le système permet aux utilisateurs de revenir continuellement sur leur travail, pour faire des mises au point, pour le compléter, voire pour supprimer ou ajouter des informations.

Impressions. — Il est toujours possible, et dans différentes fonctions du logiciel, d'imprimer l'ensemble ou un extrait du lexique (index, cumulatifs ou non, des noms de lieux, de personnes ou de personnages, des titres d'œuvres, etc.) ; d'imprimer un texte ou une sélection de textes, et suivis ou non de leurs notes, etc., et des notes de travail.

Il permet également d'établir des documents cumulatifs (index, bibliographie, table des matières) de tout ou partie de l'ouvrage tel qu'il se présentera dans l'édition finale, à l'exception des pages, puisque seul l'imprimeur peut calculer l'occurrence exacte des enrichissements.

Tous les résultats obtenus lors des recherches peuvent être également édités, une fois les formats d'impression définis, et ils seront donc mieux exploités (fig. 6, 7 et 8).

Production du document à l'adresse de l'imprimeur. — ARCANE édite à l'adresse de l'imprimeur le fichier des documents, des codocuments (notes, variantes, etc.), des entrées insérées, sous la forme de documents ASCII au format SGML (Standard Generalized Markup Language), dans lesquels des balises prévues dans les prescriptions permettent de retrouver toute l'information nécessaire à la fabrication (mise en page, mise en forme typographique, index, appels de notes et variantes...). Le document est donc directement exploitable pour la photocomposition (par l'intermédiaire de logiciels *ad hoc* comme TEX par exemple), mais elle demeure le domaine de l'imprimeur en collaboration avec l'éditeur.

Relations avec les autres traitements de texte. — ARCANE peut lire et produire des données éditées à l'aide des éditeurs de textes courants : ClarisWorks, WordPerfect, Word, etc.

Confidentialité et partage

ARCANE a été conçu pour être simultanément accessible à plusieurs utilisateurs. Il résout la question de la confidentialité et de la protection des textes et des données en donnant la possibilité aux éditeurs intellectuels d'attribuer à chaque collaborateur des autorisations d'accès plus ou moins larges.

Des méthodes de travail adéquates permettent seules de préserver efficacement la cohérence des informations saisies par les différents rédacteurs.

Éric-Olivier LOCHARD, Dominique TAURISSON, février 1996
(Centre d'étude du XVIIIe siècle - ESA 5050 - Montpellier
Équipe Instrumentation informatique
pour l'étude et l'analyse des textes)

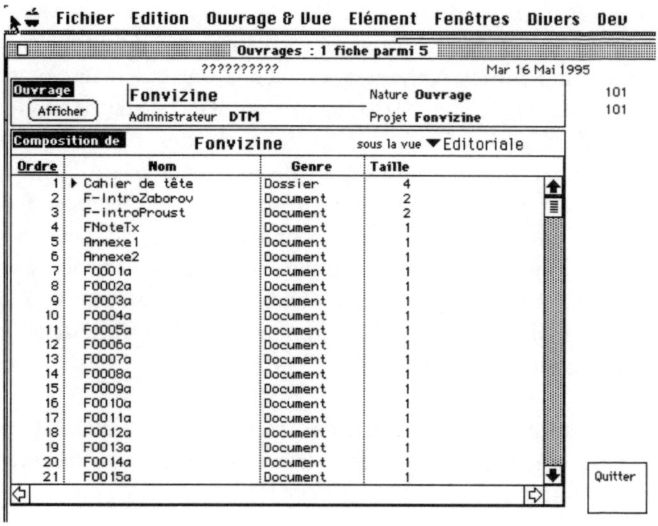

Fig. 1. — Composition de l'ouvrage

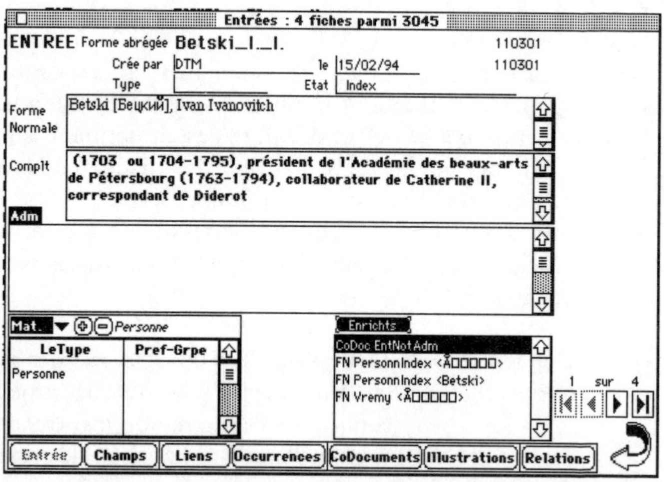

Fig. 2. — Fiche entrée de type Personne

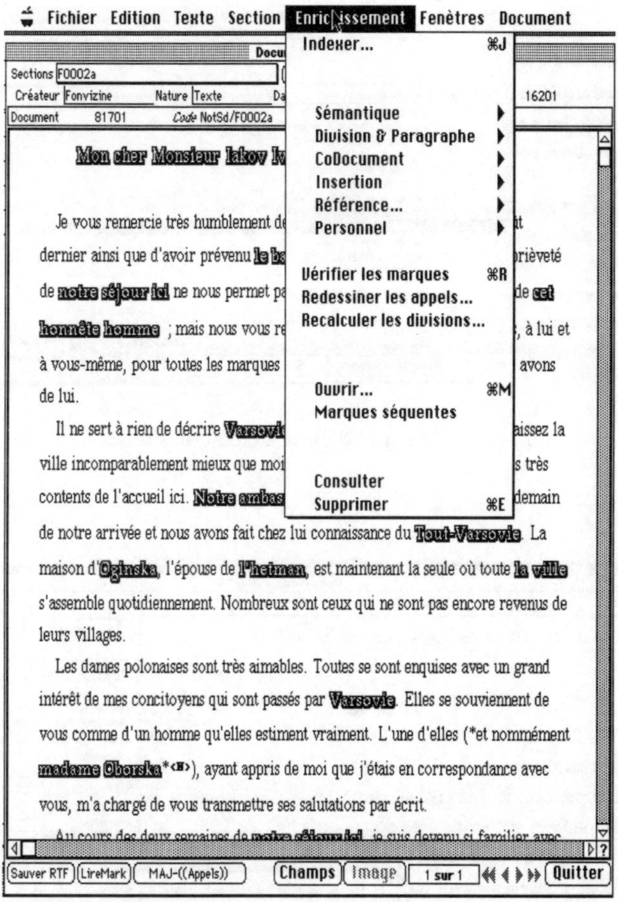

Fig. 3. — Enrichissement

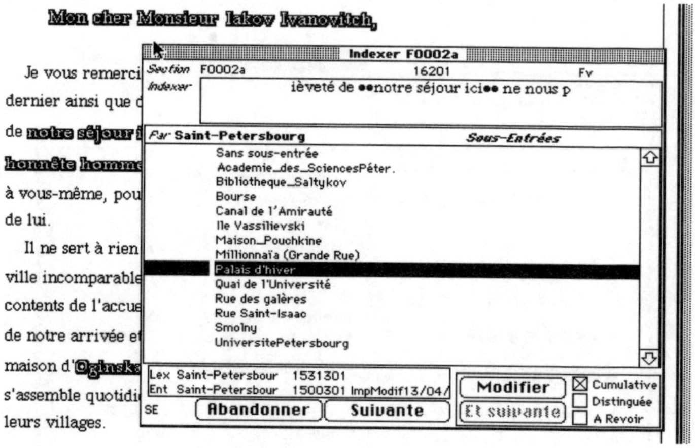

Fig. 4. — Masque d'enrichissement sur entrée

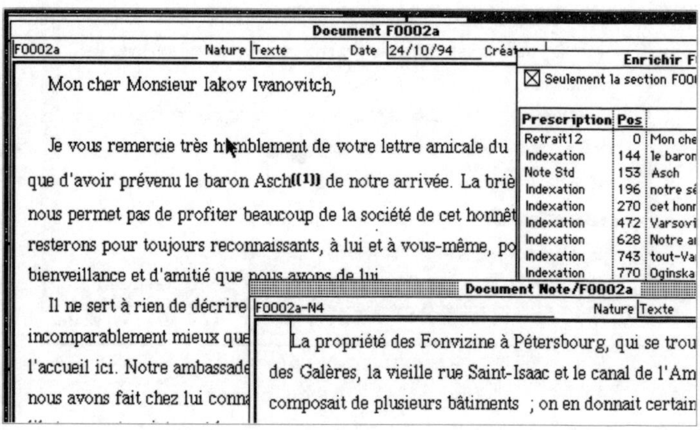

Fig. 5. — Visualisation d'un codocument

Entrées et les textes associés

Entrées-Index	Textes indexés
AEpinus_F.	
Alembert_J_Le_Rond_d'	GOLITSYN Correspondance G0640119a Lettre (Index) FONVIZINE F0012a-N1 Note (Index) FONVIZINE F0015a Lettre (Index) FONVIZINE F0017a Lettre (Index)
Alexandre_Ier	FONVIZINE F0008a Lettre (Index) FONVIZINE F0008a-N1 Note (Index)
Alexis_A._M.	
Archenevski_S._I.	FONVIZINE F0001a Lettre (Index) FONVIZINE F0001a-N3 Note (Index)
Argamakova_Fédossia_I.	FONVIZINE F-introProust/1 Annexe (Index) FONVIZINE F-IntroZaborov/1 Annexe (Index) FONVIZINE F0001a Lettre (Index) FONVIZINE F0001a-N1 Note (Index) FONVIZINE F0007a-N2 Note (Index) FONVIZINE F0010a-N3 Note (Index)
Artois_Charles Philippe_d'	GOLITSYN Correspondance G0720227a Lettre (Note) FONVIZINE F-introProust/1 Annexe (Index) FONVIZINE F-IntroProust/2 Annexe (Index) FONVIZINE F0011a Lettre (Index) FONVIZINE F0011a-N10 Note (Index) FONVIZINE F0011a-N14 Note (Index) FONVIZINE F0013a Lettre (Index)
Asch_I._F.	FONVIZINE F0002a Lettre (Index) FONVIZINE F0002a-N1 Note (Index)
Auger_N.	FONVIZINE F0011a Lettre (Index) FONVIZINE F0011a-N13 Note (Index)
Bajenov_V._I.	
Bakounine_P._V.	FONVIZINE F0002a Lettre (Index) FONVIZINE F0002a-N5 Note (Index) FONVIZINE F0002a-N6 Note (Index)
Balla_A.	
Bariatinski_F_S.	
Bariatinski_I._S.	FONVIZINE F0011a Lettre (Index) FONVIZINE F0011a-N6 Note (Index) FONVIZINE F0017a Lettre (Index)
Barthelemy_J.-J.	FONVIZINE F-IntroZaborov/1 Annexe (IndexRenvoi)
Barthez_P._J._	FONVIZINE F0003a-N22 Note (Index)
Barthe_N._T.	FONVIZINE F0011a Lettre (Index)

Fig. 6. — Édition d'entrées et des textes associés

Vooabulaire et notes de travail

Vocabulaire	Notes de travail
Beloselski-Beloserski Aleksand	De Développeur 19/03/93 Beloselski-Beloserski, Aleksandr Mikhaïlovitch, prince, 1752-1809, sénateur, grand échanson, homme de lettres, ambassadeur à Dresde (1779-1790) et à Turin (1792-1793) ; correspondant de Voltaire, Rousseau, Marmontel, Beaumarchais (voir Mazon, 1964) ; membre de l'Académie de Russie (1800) ; Amburger. --
Beloselski-Beloserski An. M.	De Développeur 22/03/93 Beloselski-Beloserski, prince Andreï Mikhaïlovitch, mort en 1779, ambassadeur à Dresde (1766-1778) ; Grimm le rencontre à Dresde en 1769 (Dulac, 1983), Amburger. --
Béranger L.	De Développeur 3/12/92 Le secrétaire de légation était malgré sa modeste position toujours bien informé. Sa correspondance témoigne de ses solides et nombreuses relations dans la société russe. SRIO (140), XXX à XXXIII. --
Bestoujev-Rioumine A. P.	De Développeur 22/03/93 Bestoujev-Rioumine, comte Alekseï Petrovitch, 1693-1768, ambassadeur au Danemark (1735-1740), vice-chancelier (1741-1744) puis grand-chancelier (1744-1758) ; propose que Catherine II épouse Orlov (DPV, XVIII, 377), RBS, ES, Amburger. --
Betski I. I.	De Développeur 22/03/93 Betski, ou Betskoï, Ivan Ivanovitch, 1703 ou 1704-1795, fils naturel du prince Ivan Iourevitch Troubetskoï ; voyage en Europe à la fin des années 50, séjourne à Paris (1758-1761) ; président de l'Académie des beaux-arts de Pétersbourg (1763-1794), directeur des bâtiments impériaux (1765-1796), principal collaborateur de Catherine II pour les établissements d'éducation ; il en rédige les Plans et statuts dont Diderot édite la traduction (1775) ; correspond avec Diderot)à partir de 1766 (CORR, VI.180), voir Maïkov, 1904, RBS, Amburger, Cat. --
Bezborodko A. A.	De Développeur 22/03/93 Bezborodko, Aleksandr Andreevitch, comte en 1784, prince en 1797, 1747-1799, secrétaire d'état (1775-1796), chancelier (1797-1799) ;

Fig. 7. — Notes de travail sur des entrées

Vicaire savoyard (*Le*), personnage de l' *Emile*
F0018a n3
Vielard, fils du directeur des eaux de Passy
F0015a n8
Vienne, en Autriche
F-introPro 1 2 F-IntroZ-1 8 F0011a n13 F0019a 9
Vienne, en France
F0010a n3 F0011a 1
Villette, Charles Michel, marquis Du Plessis — (1736-1793), officier de cavalerie et littérateur
F0011a n3 n3
Vogüé, Charles Jean Melchior, marquis de — (1829-1916), historien
F0003a n20 n44
Vogüé, Eugène Melchior, vicomte de — (1848-1910), écrivain
FNoteTx 2
Volkov [Волков], Fedor Grigoriévitch (1729-1763), fondateur du théâtre national russe
F-IntroZ-1 2
Voltaire, François Marie Arouet, dit — (1694-1778)
Voir Fonvizine, DenisTraductions *Alzire*
F-introPro 2 4 4 5 6 6 7 8 F-IntroZ-2 6 6 6 6 7 7 F0011a 1 n3 n3 n8 n13 n15 n15 F0012a 1 1 1 1 1 1 1 n1 n2 n2 n2 n2 n2 F0013a 3 3 3 3 4 4 4 4 4 4 4 n3 n4 n4 n8 n9 F0015a 1 4 4 4 4 4 4 5 5 5 5 5 5 n12 n12 n12 n12 n12 n12 n14 n16 n16 n16 n16 F0016a 1 F0017a n4 n4
Alzire F-introPro 4 4 F0015a 4 4 5 5 5 n11 n12 n12 n12 n12 n16
Irène ou Alexis Comnène F-introPro 4 4 4 8 F0011a 1 3 n14 n14 n14 F0012a 1 1 1 1 1 n2 n2 n2 n2 F0013a 3 3 3 4 4 4 n9
La Henriade F0015a n14
Tancrède F0011a n13
Zaïre F0015a n14
la mort F-introPro 2 F0015a n16
Wagnière, Jean-Louis(1739-après 1787), secrétaire de Voltaire
F0013a n8

Fig. 8. — Index cumulatif de travail

Bibliographie

Éric-Olivier Lochard, Dominique Taurisson, « Un paradigme pour l'instrumentation éditoriale : des mondes selon ARCANE », à paraître en 1997.

Éric-Olivier Lochard, « TOPOSATOR et ARCANE : la nouvelle technologie dans le contexte des thésaurus et des éditions critiques », *Literary and linguistic computing*, Oxford University Press, vol. 10, n° 2, 1995.

Quand le texte se dé-livre. Romans et préfaces du XVIIIe siècle face à l'ordinateur

> J'étais dans la plus grande hâte de remettre cette œuvre à l'imprimeur, car je prévois que l'art d'imprimer sera bientôt perdu, comme d'autres utiles découvertes bien connues des anciens.
>
> (Horace Walpole, *Contes hiéroglyphiques*, 1785, Préface.)

I

Est-ce que le débarquement de l'ordinateur sur nos tables de travail est de nature à révolutionner notre champ de recherche, à déstabiliser le confort méthodologique dont nous nous sommes entourés, voire à bousculer les habitus de lecture dans lesquels nous nous sommes enracinés, nous autres, faiseurs de fiches ?

Pour les chercheurs, et pour autant qu'ils ne se confondent pas avec des lecteurs disons « ordinaires », la question est d'abord d'ordre *heuristique*, dans la mesure où l'informatique nous apporte des outils de repérage d'une utilité insoupçonnée ; elle est aussi, cette question – et ce sera là mon point – de nature *herméneutique* : l'informatique, qui permet désormais la lecture dite plein-texte, est-elle susceptible de catalyser un réflexe critique qui nous fasse comprendre le texte *autrement* ?

Face à l'optimisme quant aux vertus heuristiques de l'informatique, les rédacteurs du n° 96 de *Littérature*, consacré aux rapports de l'informatique à la littérature, affichent un pessimisme tempéré dès lors qu'il s'agit d'*expliquer* les textes : « L'informatique n'apporte à la littérature ni une méthode, ni un simple support multimédiatique, mais un environnement de processus et de relations qui transforment les conditions de l'échange à partir de supports très matériels, ordinateurs personnels et lecteurs de CD-ROM, et bientôt les réseaux. »[1] Peut-être faut-il revenir à la fois de ce pessimisme herméneutique et de cet optimisme heuristique. Plus concrètement : l'hypertexte nous apparaît-il seulement comme un *objet textuel* maniable à loisir, ou également comme un *concept analytique* qui dicte au corpus littéraire une série d'*a priori* conceptuels illuminant d'une nouvelle façon l'objet de l'étude littéraire et désamorçant un nouveau type de compréhension du texte concret ?

Évidemment, livre électronique et hypertexte ne sont pas forcément synonymes. Si, dans la suite, je reviendrai sur la notion d'hypertexte, ce sera dans le sens d'un écrit non linéaire et en particulier d'un écrit dont le support électronique permet le multifenêtrage, plusieurs séquences textuelles s'illuminant simultanément sur l'écran, tout en s'emboîtant[2].

On a suffisamment dit, et on dira ailleurs dans ce volume, l'intérêt qu'offre le support électronique et la possibilité de générer des ensembles hypertextuels aux études génétiques. Almuth Grésillon, Jacques Neefs et d'autres généticiens ont abondamment montré combien certains manuscrits de Stendhal, de Flaubert... rappellent nos écrans « Windows », en ce qu'ils visualisent le cheminement d'une écriture, à travers des corrections, suppressions, interpolations (cernées dans des « bulles »), ajouts...[3]. Or, cette prise en considération d'une troisième dimension textuelle, grâce à l'informatique – qui permet

1. Jean Clément et Roger Laufer, « Présentation », in *Littérature 96* (1994), p. 5.

2. A ce problème terminologique, l'ouvrage de Jean-Pierre Balpe, *Hyperdocuments, hypertextes, hypermédias,* Paris, Eyrolles, 1990, fournit d'excellentes solutions.

3. Voir notamment Almuth Grésillon, « Une énonciation en marche : lire les manuscrits littéraires » et Jacques Neefs, « L'énonciation graphique (l'écriture des manuscrits) », in *Énonciation et parti pris,* Actes du Colloque de l'Université d'Anvers, édités par Walter de Mulder, Franc Schuerewegen et Liliane Tasmowski, Amsterdam, Rodopi, 1993.

donc de superposer différents états du texte –, répond à un mécanisme inscrit dans la fiction romanesque du XVIIIe siècle, qui génère un effet de multifenêtrage narratologique ; c'est ce que je voudrais montrer dans la suite.

Bohême Bohême, un roman assez récent de l'écrivain Josef Hirsal, constitue l'un des exemples les plus spectaculaires de ce que j'appellerai ici le multifenêtrage narratologique. L'étrange épigraphe du récit condense les doléances de l'écrivain, confronté à l'incontournable linéarité de l'écriture :

> Emberlificoté dans des filets tissés d'idées toutes faites et de lieux communs et tout ce qui s'ensuit. Traînant à ma suite tout ce qui s'ensuit. Dès que je me remue tout est toujours remué en même temps des pans entiers de ce que je traîne à ma suite se mettent en quelque sorte en mouvement. Des pans entiers de ce que je traîne à ma suite sont en quelque sorte impliqués de toujours nouveaux pans se mettent en mouvement de toujours nouveaux pans sont impliqués. Tout cela m'enveloppe. M'entortille. Se raidit[1].

Face à l'irrégularité de la mémoration dont cette syntaxe est l'image, le narrateur développe un mode d'écriture où chaque phrase, voire chaque mot, du très court récit autobiographique se termine sur un appel de note. Le récit autobiographique s'accompagne ainsi d'un apparat critique très développé, où chaque note appelle à son tour trois, quatre, cinq « notes aux notes » ; le tout débouchant sur une « note à une note à une note ». Celui qui se prêterait à cette forme insolite d'écriture serait un lecteur selon le cœur de l'auteur, comme il l'explique dans son Avertissement. En revanche,

> celui qu'exaspérerait la lecture *simultanée* du bref texte en tant que tel, des Notes et des Notes aux Notes serait un paresseux [...]

En fonction de l'élaboration d'un outillage méthodologique, au travers duquel il me faudra tout à l'heure aborder le

1. Josef Hirsal, *Bohême Bohême* (1980), Paris, Albin Michel, 1991. L'épigraphe est empruntée à *Livres de lecture* de Helmut Heissenbüttel.

dossier préfaciel du XVIIIe siècle, je retiens de ce qui précède la virtualité d'un axe en profondeur dans la constellation narrative même. La transformation d'un texte imprimé comme celui de J. Hirsal en texte électronique ne ferait toujours qu'augmenter le confort de la lecture «fenêtrée». La troisième dimension, l'axe en profondeur, n'est plus à construire ; elle est inscrite dans le projet narratif même.

Il est beaucoup de manières de projeter les deux autres axes, l'horizontal et le vertical, dans la production textuelle et narrative. La notion de *topos*, dont il est question ailleurs dans ce volume, offre un instrument de choix pour qui s'intéresse à cette question. On a vu récemment la *Revue d'histoire littéraire de la France* ouvrir ses colonnes à un article de Michèle Weil sur le projet de la Société d'analyse de la topique romanesque[1]. Michèle Weil ne mobilise pas le concept d'*hypertexte* ; en revanche, elle met en évidence celui de *thésaurus*, de catalogue informatisé de topoi. Si, en tant qu'ensemble interactif, l'hypertexte se prête à une lecture assistée par ordinateur permettant d'isoler un ou plusieurs hyperdocuments ou corpus de travail ouvrables, le thésaurus apparaît d'emblée comme un corpus de travail informatisé, résultat d'un processus de lecture sans assistance aucune si ce n'est celle du crayon ou des ciseaux. Dans cette perspective, et par une mise en œuvre radicalement différente de l'outil informatique, hypertexte et thésaurus semblent se situer aux antipodes l'un de l'autre. Ce qui me semble cependant conférer aux deux manipulations de l'informatique une sorte de complémentarité, ce sont les deux notions d'*occurrence* et de *récurrence*, qui s'inscrivent au centre même de tout travail assisté par ordinateur. Le travail informatisé est toujours fonction de la reconnaissance. L'informatique facilite, et comment !, la constitution d'ensembles, d'hyperdocuments, de corpus de travail reposant sur des données analogues, similaires, récurrentes. Ainsi le programme Discotext permet-il d'isoler au sein

1. Michèle Weil, « Un logiciel pour l'histoire littéraire », in *RHLF* (1994), n° 6, p. 1038-1055.

de la banque de données Frantext des corpus de textes comme par exemple: tous les récits en prose écrits entre 1815 et 1848 qui contiennent le mot « Mémoires » dans leur titre. Cela étant, l'ordinateur ne fait toujours que reconnaître, constater une récurrence. Dans le projet de la SATOR, c'est le chercheur individuel qui constate les récurrences dans l'énorme chaîne de textes dépouillés, et c'est TOPOSATOR qui systématise et gère les occurrences, les fiches de topoi, disons.

Les corpus de travail, qu'ils soient générés par Discotext ou gérés par TOPOSATOR, apportent au chercheur un nouveau type d'objet: des filons d'occurrences (mots, fragments de texte, passages, citations...) de provenances diverses, que les principes de la récurrence et de l'itération constituent en véritables gisements intertextuels. De tels textes composites, textes-thésaurus, textes-corpus, textes-annuaires sont désormais à la portée d'un chacun, objets de cofabrication lectorale. Je voudrais donner à ce type de textes, si cela n'est pas trop raffiner, le nom de texte-paradigme.

Arrivé à ce point de ma réflexion, il faut faire retour sur ma question initiale: l'informatique peut-elle apporter autre chose qu'une nouvelle pratique de l'écriture ou un lotissement plus confortable du champ de travail ? Peut-elle catalyser un nouveau type de lecture et une sorte de nouvelle herméneutique ? C'est Michèle Weil qui me fournira ici un premier jalon de réponse. Le point nodal de l'entreprise SATOR est le topos. Il est peu de notions littéraires qui soient entachées d'un tel flou, d'une telle « indéfinition ». Définissant le topos comme *une configuration récurrente d'information narrative*, hiérarchisant à coup de marteau les trois composantes de la définition – récurrence, information narrative, configuration – Michèle Weil confronte ensuite le topos à tout ce qui n'est pas lui : thème, motif, type, stéréotype, etc. A cette liste impressionnante de notions connexes, j'aimerais ajouter ici le terme anglais de *topic*. Avec Umberto Eco, on peut définir le *topic* comme « ce dont le texte parle ». Je me rattacherai ici à la définition qu'en donne Teun Van Dijk : un *topic* est une *aboutness,* un *être-autour-de-quelque-*

chose[1]. Le *topic* est une notion pragmatique qui répond à une hypothèse de lecture dépendant de l'initiative du lecteur, qui la formule ainsi : mais de quoi diable parle-t-on ? Déterminer le ou les *topics* d'un texte quelconque, c'est avancer une hypothèse sur une certaine *régularité* de comportement textuel. La lecture linéaire consisterait donc dans la construction successive d'une série de *topics* se modifiant au fil de la lecture même. Enfin, et je cite U. Eco, le *topic* sert à « discipliner la semiosis ».

En quoi cette mise en opposition du topos et du *topic* peut-elle être de quelque utilité dans la perspective qui nous occupe ? Le topos m'apparaît comme un vecteur d'*indiscipline* textuelle, qui relâche la texture syntagmatique pour insérer le passage-topos dans un paradigme intertextuel, composé de passages similaires. Le *topic*, au contraire, m'apparaît comme un vecteur de *discipline* textuelle, qui en « arrête » le processus d'interprétabilité illimitée[2]. En second lieu, le topos est un facteur de régularité intertextuelle, paradigmatique, alors que le *topic* est facteur de régularité textuelle, syntagmatique.

Le topos, en tant que vecteur de récurrence intertextuelle, est générateur de *textes-paradigmes* ; le *topic*, en tant que régulateur du comportement linéaire du texte, est un paramètre du *Texte* comme *syntagme narratif*. Autant dire que, dans cette hypothèse, le *topic* organise l'axe horizontal, syntagmatique, du texte et la linéarité de sa production/consommation, tandis que le topos détermine l'axe vertical : aux endroits « topiques » du texte, le processus syntagmatique de l'écriture et de la lecture est interrompu par un processus paradigmatique, vertical. Cela veut dire que, confronté à un topos, le lecteur tombe en arrêt devant une séquence narrative qu'il *reconnaît* et qu'il parvient à intégrer dans un paradigme[3].

1. Umberto Eco, *Lector in fabula,* Grasset, 1985, p. 116.
2. U. Eco, *op. cit.,* p. 110.
3. J'ai développé cette hypothèse dans l'avant-propos à *L'Épreuve du lecteur. Livres et lectures dans le roman d'Ancien Régime.* Actes du VIIIe Colloque de la SATOR, J. Herman et P. Pelckmans (éds), Louvain, Peeters, 1995.

Le recours à l'informatique dans deux entreprises scientifiques discutées dans ce volume – la génétique textuelle d'un côté et l'entreprise SATOR de l'autre – autorise donc la mise en place de trois dimensions dans le processus complexe de production/consommation du texte littéraire.

II

Il est temps sans doute d'en venir au XVIIIe siècle. Fenêtrage narratologique, texte-paradigme et texte-syntagme, topos et *topic*, est-ce que cet outillage notionnel est susceptible de « délivrer » préfaces et romans ? Ma question : de quoi s'agit-il dans un texte-paradigme ? Elle concerne la lisibilité des banques de données comme textes, l'*aboutness* du thésaurus, l'être-autour-de-quelque-chose des corpus de travail sélectionnés par ordinateur. De façon plus concrète, il s'agira ici de déterminer les pivots (l'*aboutness*) autour desquels gravitent les différents textes-paradigmes isolables dans le dossier préfaciel au XVIIIe siècle.

Sans qu'il soit nécessaire de développer ici une description de la préface de roman au XVIIIe siècle, on admettra que le discours préfaciel intègre des composantes rhétorique *(captatio benevolentiae...)*, paratextuelle (« Ceci n'est pas un roman »...), formelle (préfaces intégrées, préfaces autonomes...), etc., qui génèrent, sur l'axe vertical, autant de textes-paradigmes. En outre, et de l'aveu de G. Genette, « il est à vrai dire bien rare qu'une préface ne comporte pas çà et là (des) amorces narratives »[1]. Appliqué au roman du XVIIIe siècle, le « çà et là » du propos de Genette est de trop. Le dépouillement quasi exhaustif de la production romanesque du XVIIIe siècle a révélé l'abondance massive des manœuvres narratives. Personne n'en doutera d'ailleurs. Cependant, face au dossier de préfaces constitué

1. Gérard Genette, *Seuils*, Paris, Éd. du Seuil, 1987, p. 159.

à l'Université de Louvain[1], aucun programme informatique ne permet à ce jour d'isoler la composante narrative et de générer ainsi un texte-paradigme narratif, qui permettrait de suivre l'un des axes les plus spectaculaires de ce dossier. Bien spectaculaires en effet les nombreuses variantes du topos du manuscrit trouvé, qui organise ce texte-paradigme narratif. C'est à ce topos que je veux m'arrêter ici, d'abord pour nourrir le thésaurus de la *topique* romanesque de quelques beaux exemples, ensuite pour essayer d'en dégager le « *topic* », l'*aboutness.* De quoi s'agit-il dans le topos du manuscrit trouvé, à quoi sert-il ?

Cette question est réglée depuis longtemps, dira-t-on. Georges May n'en parle-t-il pas abondamment dans *Le dilemme du roman* (1963), en voyant dans le topos du manuscrit soi-disant authentique l'un des mécanismes fondamentaux de l'évolution du roman vers plus de « réalisme » ? Thèse qui fait autorité ! Que le roman français du XVIIIe siècle évolue vers plus de réalité, qui en doutera ? Mais est-ce en fonction de cette téléologie que le topos du manuscrit trouvé a été mobilisé ? Voici le passage en question dans l'ouvrage de G. May :

> En effet, les *préfaces* de l'époque sont innombrables, qui avertissent le lecteur que l'ouvrage qu'il va lire n'est pas un roman, mais un récit d'*événements authentiques.* Lorsque ce récit se présente sous la forme autobiographique ou sous celle d'une série de lettres, la préface manque rarement d'expliquer que le rôle de l'auteur s'est borné à celui d'« éditeur » des « documents » qui lui ont été remis comme un dépôt sacré ou qui *sont tombés entre ses mains* par un hasard romanesque quelconque : placard secret, coffret perdu, etc. (p. 144, nous soulignons).

Ce passage, qui est comme la base de la théorie « téléologique » du roman du XVIIIe siècle, peut être soumis à plusieurs questions. La plus évidente, souvent agitée par les spécialistes,

1. Une large sélection de ce dossier est en voie de publication (Christian Angelet et Jan Herman, *Anthologie de préfaces de romans du XVIIIe siècle,* Saint-Étienne, Presses universitaires, coll. « Lire le XVIIIe siècle » et Louvain, Presses universitaires, 2 vol. de 250 p., à paraître).

est de savoir si le public était dupe. Aussi retardataire que paraisse cette question aujourd'hui, la réponse qu'y formule Georges May ne peut pas manquer, à trente ans de distance, de nous surprendre :

> il va sans dire que la plupart des lecteurs n'avaient pas la naïveté de prendre au pied de la lettre de pareilles prétentions à l'authenticité absolue. Mais il est indubitable que le public de 1730 et même encore celui de 1761 était d'une *crédulité monumentale*, comparée au scepticisme universel de celui de l'« ère du soupçon » qui est la nôtre aujourd'hui (p. 144).

Personne de nos jours n'est plus de cet avis : dès 1967, Henri Coulet avait déclaré que de tels stratagèmes ne trompaient probablement personne[1] et c'est cet avis qui l'emporte de nos jours. Montesquieu n'affirmait-il pas, dans « Quelques réflexions sur les *Lettres persanes* » : « Certainement la nature et le dessein des *Lettres persanes* sont si à découvert qu'elles ne tromperont jamais que ceux qui voudront se tromper eux-mêmes ? »

La vraie question n'est donc pas là. Le raisonnement de Georges May me semble reposer sur un implicite qui revient à ce qu'un texte authentique (manuscrit trouvé) est nécessairement vrai : il semble en effet qu'authentifier le texte suffit à authentifier les événements qu'il raconte. Authentifier la forme équivaut à authentifier le contenu. Du reste, quelqu'un disant « je » dans un manuscrit trouvé n'est apparemment pas soupçonné de mensonge, comme si un autobiographe n'avait jamais besoin de mentir. Ce qui doit nous surprendre, c'est que ces sous-entendus argumentatifs ont été véhiculés par les exégètes les plus avertis. Un exemple peut suffire ici, celui de Philip Stewart, *Imitation and Illusion in the French Memoir-novel* (1969) :

> [...] the novelists brought into play *a machinery of historical imitation* designed not just to absorb the reader to the point where objective judgment was no longer foremost in mind, but to dispose him to believe he was reading *objective facts* (p. 27).

1. Henri Coulet, *Le roman jusqu'à la Révolution,* t. 1, Armand Colin, 1967.

L'authenticité de la forme garantit l'authenticité du contenu. Pendant une vingtaine d'années, ce raisonnement a sans cesse été reproduit, et faute d'avoir été confrontés à un corpus de préfaces plus substantiel, ces sous-entendus n'ont à ma connaissance pas fait l'objet d'une interrogation critique[1] jusque dans les années quatre-vingts, où Marianne Hobson remet en question l'exclusivité du critère téléologique qu'est le réalisme, pour expliquer le comportement des préfaciers[2].

Quels pourraient bien être les « faits exactement vrais » auxquels le préfacier voudrait faire croire dans un roman utopique comme *Gulliver,* où ces faits mêmes rendent impossible toute adhésion à la protestation d'authenticité du contenu. Les *Voyages de Gulliver* se présentent pourtant comme manuscrit authentique donné par Gulliver à l'éditeur :

> L'auteur de ces voyages, Mr Lemuel Gulliver, est de longue date un de mes amis intimes, nous sommes quelque peu apparentés du côté maternel [...]
>
> Avant de quitter Redriff, il me confia en dépôt les pages qui suivent, avec la liberté d'en disposer comme bon me semblerait [...]

Face à des exemples de ce type, on est donc amené à penser, avec C. Angelet, « que tout texte liminaire annonçant un manuscrit trouvé, ou volé, ou sauvé des flammes, était aussitôt perçu comme un signal de la fiction. En d'autres mots, la formule indéfiniment variée : "J'ai eu la chance de mettre la main sur le document que voici" signifiait pour le lecteur : "Voici un roman dont je suis l'auteur". A bon entendeur

1. La façon dont la critique contemporaine a véhiculé et reproduit le présupposé dénoncé ici a fait l'objet d'une communication à l'Université de Strasbourg et qui paraîtra dans *Travaux de Littérature* (1998), « Vérité et véridiction dans les préfaces de romans du XVIIIe siècle ».

2. « Treating it (le réalisme) as the criterion to the history of eighteenth-century novel does not merely cause one to lose sight of other, equally important processes ; it tends to erase the fact that the criterion may even be anachronistic , in *The Object of art. Theory of Illusion in Eighteenth-Century France,* Cambridge, University Press, 1982, p. 86.

salut»[1]. Le topos du manuscrit trouvé, volé, reçu serait donc un lieu de déconstruction, où l'argument d'authenticité s'inverse en son contraire. Mais que faire d'un manuscrit trouvé qui est déjà un roman et où l'aveu même de la fictionnalité rend inutile cette manœuvre déconstructrice. Il semble donc qu'ici encore, le raisonnement tourne à vide : la lecture téléologique du topos du manuscrit trouvé ne semble pas envisager que le manuscrit peut être lui-même un roman. Ce cas n'est pourtant pas rare. Un exemple :

> Je présente au Public la Traduction d'un Manuscrit grec qui s'est trouvé dans la Bibliothèque d'une Nation étrangère, extrêmement jalouse de cette espèce de trésor. Ceux qui m'ont procuré la lecture de ce Manuscrit, ne m'ont permis de le publier qu'en le traduisant, sans indiquer la bibliothèque à laquelle appartient l'Original. L'Auteur ne s'est nommé nulle part : mais quelques endroits du Livre même font connaître que c'était un Grec d'origine, vivant à Alexandrie sous l'Empire de Marc-Aurèle.
>
> Il n'y a pas lieu de douter que ce ne soit ici un ouvrage de fiction (Jean Terrasson, *Sethos*, 1731).

Un roman égyptien en manuscrit donc, qui, par ailleurs, se fonde, dit-on quelques pages plus loin, sur des manuscrits authentiques conservés jadis à la bibliothèque d'Alexandrie. La mention d'un deuxième manuscrit semble installer une mise en abyme de notre problématique au sein même d'une œuvre dont la fictionnalité ne fait pas de doute aux yeux du préfacier même.

La lecture du topos du manuscrit trouvé comme manœuvre d'authentification est par ailleurs mise en question dans certaines préfaces, surtout d'auteurs anonymes, qui offrent un intérêt tout particulier dans ce contexte. Que le manuscrit soit trouvé n'implique pas que les faits qu'il raconte soient vrais :

> Comme il est certain que le hasard seul m'a fait faire l'acquisition de ce manuscrit, je suis dispensé de garantir la réalité de notre espèce de héros, la vérité de toutes les aventures qui lui sont attri-

1. Christian Angelet, « Le Topique du manuscrit trouvé », in *CAIEF*, 42 (1990).

buées, et même de dire par qui elles ont été écrites. J'ignore absolument tout cela (Anonyme, *Les aventures du comte de Rosmond*, 1737).

Il ne s'agit pas ici de remettre fondamentalement en question l'hypothèse de ce que Françoise Barguillet appelle « la révolution réaliste » dans le roman du XVIIIe siècle. Cependant, force nous est de relever une certaine aporie dès lors qu'il s'agit de penser sur un plan théorique et abstrait la constellation Préface – protestation d'authenticité – topos du manuscrit trouvé. Il me sera loisible dans la dernière partie de cette étude de suggérer une autre lecture, de dévoiler l'argument, l'*aboutness*, le *topic* du texte-paradigme que structure le topos du manuscrit trouvé. Cette lecture implique la prise en considération du troisième axe de la production/consommation romanesque, celle que j'ai désignée au début de ce propos comme le multifenêtrage narratologique.

III

A travers la mobilisation du topos du manuscrit trouvé, le discours préfaciel apparaît comme le lieu d'un dédoublement textuel. C'est-à-dire que sous le texte qu'on s'apprête à lire, semble se profiler un autre texte, ou plutôt un texte-autre, une autre version du même texte : un manuscrit, un recueil de lettres autographes, des carnets de notes, bref des archives du texte présenté au public. Ce « proto-texte » est le plus souvent présenté comme un ensemble amorphe, aux frontières floues. L'un des *topics* autour desquels pivote le texte-paradigme narratif interrogé ici me semble être celui de l'éclatement textuel. Le récit que nous nous apprêtons de lire correspond à une version stabilisée du texte. Mais en deçà de cette version stable existe, dans la *mémoire* du texte, une version *back-up*, avant-dernière version, qui, elle, est instable, complétable, maniable, transformable. Au travers d'un méta-récit préfaciel, le texte projette dans sa structure profonde une image de lui-même. Le roman y assume sa propre textualité, sa matérialité, son devenir-livre. Le récit en tant que structure syntagmatique y apparaît comme un ensemble stratifié, où la strate de l'imprimé recouvre une strate manuscrite, qui à son tour peut appeler une couche orale. Ce *topic*, ce filon qui, à mes yeux, assure la cohésion du Paradigme étudié dans ce qui précède, demande à être illustré par un exemple.

Comme des centaines d'autres récits, Les *Mémoires d'un homme de qualité* de Prévost sont présentés comme un manuscrit trouvé :

> Cet ouvrage me tomba, l'automne passé, entre les mains, dans un voyage que je fis à l'abbaye de..., etc.

Cet avertissement de l'éditeur dans la *préface* en rappelle un autre, mieux connu, dans l'avant-dernier volume de l'œuvre :

> Je dois avertir ici le lecteur que j'écrivis son histoire presque aussitôt après l'avoir entendue, et qu'on peut s'assurer par conséquent que rien n'est plus exact et plus fidèle..., etc.

On aura reconnu le *passage-relais* introduisant le récit du chevalier des Grieux. Le récit oral de des Grieux, consigné dans les deux derniers volumes des *Mémoires d'un homme de qualité*, passe donc par les deux moules transformateurs que sont d'abord l'écriture (par Renoncour) et l'impression (par l'éditeur) avant de parvenir au lecteur. Et tout comme, tout à l'heure, le préfacier éprouvait le besoin d'expliquer l'origine du manuscrit, le rédacteur Renoncour trouve nécessaire d'expliquer comment il a rencontré des Grieux, fournisseur du récit oral :

> Je suis obligé de faire remonter mon lecteur au temps de ma vie où je rencontrai pour la première fois le chevalier des Grieux...

C'est l'*incipit* de *Manon Lescaut*. Cet exemple est canonique et l'on pourrait en donner d'autres. Pour l'instant, je me contente de constater que, s'il est vrai qu'au travers d'un paradigme narratif, le discours préfaciel raconte l'histoire du devenir-livre du texte, cette histoire déborde le seul texte-paradigme préfaciel. L'histoire du devenir-livre traverse trois secteurs textuels privilégiés : la *préface* (le liminaire du texte à lire), l'*incipit* (le début du texte à lire) et enfin le *relais* narratif (liminaire du récit imbriqué). Ce que j'oserais appeler le *filigrane textuel* du discours romanesque, est la trace discursive indiquant les vestiges de versions antérieures. Le filigrane est l'inscription dans le discours de ces versions antérieures, de ses proto-textes. Il renvoie à l'arsenal de proto-textes accumulés dans la mémoire du récit, à ses archives.

Le filigrane n'est pas une métaphore choisie au hasard : il forme un dessin de points de repères reconduisant le texte à son origine. Au codicologue, à l'époque où livre et papier étaient encore inséparables, le filigrane raconte l'histoire de l'origine du texte : il le ramène à l'atelier où le papier et peut-être même le texte ont été fabriqués. Ce que j'appelle « le filigrane du texte » forme une trace transparente de versions antérieures du récit, sur le chemin de son devenir-livre. Et jusqu'à nouvel ordre, ce dessin en filigrane est triangulaire.

Lieu de l'éclatement du texte, la préface est un écran multifenêtré : la version imprimée renvoie à une version manuscrite, qui souvent renvoie à une version orale. Dans l'exemple suivant, il est évident que la mise en œuvre de notre topos ne sert pas un but d'authentification, mais de multifenêtrage, de projection de versions antérieures, donc :

> Un manuscrit sauvage, bien ancien, et bien entier, est une pièce fort rare, parce que ce n'est ni de l'écriture, ni du dessein, ni de la découpure, ni des nœuds qui forment les caractères, ce sont uniquement certains plis, certaines grimaces formées sur de grandes feuilles d'arbres, sur de petites écorces, sur des lames de quelques métaux, et des arêtes de poisson, sur quelques morceaux d'étoffes taillées, chiffonnées, pliées, et repliées en tout sens, et de toutes façons, sur des fleurs, sur des fruits rayés et coupés à certains endroits ; de sorte que quelque intelligence que l'on ait de la langue, si l'on perd une grimace, si l'on manque un pli, on perd la suite d'un ouvrage, la finesse d'une pensée, et le sens d'un

> Auteur. Si donc on trouve quelque chose qui déplaise, qui manque de sens et de suite dans cet ouvrage, ce ne sera ni la faute de l'original, ni la mienne ; ce sera quelque pli manqué, quelque brin d'écorce, quelque lambeau perdu (Fagnan, *Kanor, conte traduit du sauvage*, 1750).

Dans l'interstice entre le texte qu'on lit en clair et le texte qu'on lit en filigrane, entre le texte et le proto-texte, entre la dernière version et la version *back-up,* on peut inscrire une sorte de Poétique du roman du XVIIIe siècle. Je me bornerai, ici et pour l'instant, à y inscrire un deuxième *topic*, une deuxième *aboutness* du topos du manuscrit trouvé. Soit l'exemple suivant :

> C'est sur la foi du feu sieur de la Loire, consul pour la Nation française en Alger et sur des Mémoires écrits de sa main que je donne cette histoire au public. Ils m'ont été remis l'été dernier par le sieur Grillac, principal du Collège d'Huban à Paris, qui les a reçus il y a longtemps d'un de ses pensionnaires, cohéritier du consul. Ces mémoires n'étaient pour ainsi dire qu'un corps brut, les faits y étaient épais, sans ordre et sans suite ; le style du rédacteur n'était d'ailleurs aucunement châtié, il se sentait même un peu de sa barbarie algérienne. J'ai donné à cette matière la meilleure forme que j'ai pu et je m'y suis appliqué d'autant plus volontiers, que j'ai lieu de croire que le manuscrit du sieur de la Loire ne renferme rien que de vrai : du moins puis-je assurer que le consul en atteste la notoriété publique sur les lieux ; il prend à témoins toutes les personnes qu'il nomme, comme vivantes encore alors (Rousseaux, *Aventures de Dona Ines de la Cisternas*, 1737).

La protestation de véridicité y est, certes, mais en s'appuyant sur des témoignages et non sur l'authenticité du manuscrit. Le topos du manuscrit (reçu) transforme la préface en un lieu de « traitement de texte ». Face au proto-texte, les préfaciers procèdent à la suppression des noms propres, à l'adaptation stylistique, à l'élagage, à la disposition des archives dans un certain ordre... mécanismes de traitement de texte dont on trouvera des exemples dans les préfaces de romans les plus connues, de *La*

Vie de Marianne aux *Liaisons dangereuses*, en passant par Prévost, Crébillon, Dorat, Rétif et beaucoup d'autres.

Si donc l'informatique est incapable, pour l'instant, de nous aider à distinguer les paradigmes rhétorique, argumentatif, métatextuel, narratif... du discours préfaciel, elle nous fournit pour le moins de belles métaphores de son fonctionnement narratif : versions *back-up,* multifenêtrage, traitement de texte. Dans le dossier interrogé ici, l'utilité de l'informatique est moins de nature heuristique que de nature herméneutique. Quand elle n'est que la traduction imagée d'un concept préexistant, la métaphore herméneutique est sans doute sans grand intérêt. Si, au contraire, la métaphore, à travers sa richesse sémantique, induit des pistes de lecture insoupçonnées, elle devient elle-même concept herméneutique. Est-ce le cas ici ? Notre propos ne concernait en fait que le transfert à notre dossier – sur le mode métaphorique – de l'outillage informatique tel qu'il est utilisé par les études génétiques. N'y aurait-il pas, en effet, quelques points de raccord entre la génétique textuelle telle qu'elle s'élabore dans les laboratoires de l'ITEM et ce que j'oserais appeler ici une « génétique textuelle fictionnelle ». Il n'est que, pour s'en convaincre, de relire un bel article de Jean Ehrard : « Nombreux sont les textes d'époques anciennes, et en particulier du XVIIIe siècle, dont on ne possède aucun manuscrit ni aucun document d'accompagnement susceptible d'en éclairer la genèse. »[1] Une telle pénurie ne doit pas insécuriser l'approche génétique du texte, du moment qu'un contingent énorme de romans du XVIIIe profile en filigrane l'histoire de sa genèse fictionnelle. La métaphorisation des méthodes de lecture du manuscrit réel induit donc des pistes et des méthodes de lecture du manuscrit fictionnel.

Une question encore m'empêche de conclure. Le roman du XVIIIe siècle, qu'a-t-il besoin d'affirmer sans cesse sa filiation

1. Jean Ehrard, « L'histoire du texte, le texte dans l'histoire et l'histoire dans le texte : le modèle des Lumières », *in* Louis Hay, *La naissance du texte,* José Corti, 1989, p. 135.

par rapport à un autre lui-même ? Dans cet éclatement dont la préface est le lieu, le roman exprime sa nostalgie face à ses sources. Cette nostalgie pivote autour de questions cruciales comme auctorialité *versus* anonymat, oralité *versus* scripturalité, complétude *versus* inachèvement, conservation *versus* effacement de la mémoire du texte, etc. A ces questions, je ne prétends pas apporter ici autre chose qu'un embryon de réponse, et encore en focalisant l'une d'entre elles : la question d'auteur, celui dont le texte se « délivre ».

D'un côté, le récit émerge comme produit coupé de son producteur (désoriginé par l'anonymat, par le topos du manuscrit trouvé, par la publication non autorisée, etc.), mais de l'autre côté, le discours romanesque ne peut s'empêcher de mettre en scène cette émergence. En d'autres termes, le discours romanesque met constamment en scène la production d'un récit qui se veut sans attaches avec un producteur. Le texte est en train de s'originer de l'intérieur. Ne serait-ce pas là, du XVIIe au XVIIIe siècle, l'une des transformations fondamentales que subit le roman ? Lisons à ce sujet M. Foucault :

> (Au XVIIe siècle), la fonction de l'auteur n'a pas cessé de se renforcer : tous ces récits, tous ces poèmes, tous ces drames ou comédies qu'on laissait circuler au Moyen Age dans un anonymat au moins relatif, voilà que, maintenant, *on leur demande* (et on exige d'eux qu'ils disent) d'où ils viennent, qui les a écrits ; on demande que l'auteur rende compte de l'unité du texte qu'on met sous son nom ; *on lui demande* de révéler, ou du moins de porter par-devers lui, le sens caché qui les traverse[1].

On peut observer dans ce fragment un glissement de « on leur demande » (aux textes) vers « on lui demande » (à l'auteur), qui n'est peut-être rien d'autre qu'une question de style pour Foucault, mais qui n'en rejoint pas moins notre propos : prise en charge du texte par un auteur *versus* prise en charge des mécanismes de la composition, de la genèse textuelle, par

1. Michel Foucault, *L'ordre du discours,* Gallimard, 1971, p. 29.

le texte même. S'il y a une téléologie du roman, ne concernerait-elle pas l'émergence du texte comme entité autonome, autotélique ?

Dans cette optique, le prologue d'un des premiers romans modernes donnerait à réfléchir :

> Ce est li contes del Graal
> Dont li quens li bailla le livre
> Oëz coment il s'en delivre.

Jan HERMAN
Université de Louvain (KU Leuven)

DEUXIÈME PARTIE

Un nouvel ordre des textes: la littérature éditée en hypertexte

Petites introductions à l'hypertexte

Il y a une légende de l'hypertexte. Elle s'organise autour de la figure centrale de Ted Nelson, inventeur, pionnier et chroniqueur, et des deux génies tutélaires qu'il s'est choisis, Vannevar Bush et Douglas Engelbart. Elle s'actualise avec le succès pratique, la banalisation technique de la notion, intégrée à la plupart des produits d'édition électronique et au mode de consultation de l'Internet.

Ce récit est rapporté partout ; pour la plupart des littéraires, il semble pourtant flotter dans le vague, dans le mystère ; c'est une légende qui se déroule « chez les informaticiens », c'est-à-dire nulle part.

On commencera donc ces petites introductions par une histoire et géographie de l'hypertexte, disposée autour de deux mouvements ; l'un va de la méthode au médium, l'autre de la littérature à l'informatique. La « technologie de l'hypertexte » s'efforce de répondre à la question : « Comment ça marche ? »

L'idée américaine

L'hypertexte est une idée américaine. Beaucoup plus qu'une théorie ou un concept, il s'agit d'une méthode, d'un art, d'une approche. Elle participe du radicalisme américain en la matière :

il y a de meilleures manières (méthodes, techniques, outils) de penser, d'écrire ou lire, comme il y a de meilleurs régimes diététiques et de meilleurs exercices physiques, et elles doivent être développées, promues, concurrencer les autres.

Dans notre cas, la discussion sur les « bonnes et mauvaises méthodes » se déroule à l'intérieur d'un milieu, d'une microsociété de spécialistes qui s'intéressent à la fois à l'informatique et au texte. Ils pourront être des enseignants de littérature ; ils seront plutôt ceux qui, dans les départements de littérature, conçoivent des logiciels ou conduisent des expériences pour leurs collègues. Ils pourront être des ingénieurs des sociétés d'informatique ; ils seront plutôt des experts de ces sociétés pour le travail sur le texte. Ils pourront être des consultants, ils seront plutôt des artisans, des réalisateurs d'objets techniques.

Dans aucun autre pays, ce milieu de médiateurs, théoriciens et praticiens, n'a une telle importance qu'aux États-Unis. Le débat sur la notion d'hypertexte emprunte donc les voies normales de la légitimation au sein de ce milieu.

Theodor Nelson est assez généralement considéré et se considère lui-même comme le fondateur de l'hypertexte, le premier à avoir utilisé le mot en 1965. Cependant l'idée en est préfigurée dans un article de Vannevar Bush, « As we may think », paru en 1945. Bush, conseiller du président Roosevelt, directeur du Bureau de recherche et de développement scientifique américain, y présente Memex, un système qui ne sera jamais réalisé, une « espèce d'archive personnelle ». La technique référencée est analogique : cellules photographiques, tubes cathodiques, bandes magnétiques. Memex vise à développer de « puissantes aides mécaniques » à la pensée, à la soulager de ses aspects répétitifs. Le dispositif intègre des écrans et un tableau qui permettent d'associer, de créer des pistes entre les documents.

L'article de Bush influença le deuxième précurseur de l'hypertexte, Douglas Engelbart. Engelbart est une personnalité centrale de l'histoire de l'informatique. Il eut très tôt l'idée que les ordinateurs pouvaient et devaient afficher des données à l'écran, et qu'ils pourraient ainsi devenir des outils d'aide individuelle à l'écriture et à la réflexion. C'est au sein de son laboratoire, l'ARC (« Augmentation Research Center »), que furent développés, à partir des années 60, la plupart des éléments caractéristiques de la micro-informatique : la souris, le multifenêtrage, les conférences électroniques, le mélange de textes, de graphiques et d'images vidéo. Le dispositif NLS (« oN Line System ») permettait à des chercheurs de partager dans une « revue » toutes sortes de documents, spécifications, etc. Les utilisateurs pouvaient passer d'un document à l'autre en pointant avec la souris sur telle ou telle zone de l'écran ou créer des liens croisés.

Bush et Engelbart : Nelson revendique cette double filiation dans son livre-manifeste sur l'hypertexte, *Literary Machines*, paru en 1981. La notion d'hypertexte se trouve ainsi légitimée par son rattachement aux deux périodes clés de l'histoire de l'informatique : sa mise en place dans la suite de l'effort de guerre américain, le tournant décisif de la micro-informatique. Elle est située aussi sur l'autre versant de l'informatique, contre IBM, et la conception « automatiste », « machiniste », du côté d'une approche humaniste et libertaire : le premier livre de Nelson s'intitulait *Computer Lib.*

Literary Machines, pour une large part, est donc la chronique des combats de son auteur contre les sociétés informatiques et les universités, de son isolement, de la mise en place du groupe de projet californien, jusqu'au lancement final de Xanadu en 1979, et son achat par la société Autodesk.

Nelson donne une définition lapidaire de l'hypertexte : « Par hypertexte, j'entends simplement l'écriture non séquentielle. »

La séquentialité du texte est celle du langage parlé, et de la chose imprimée. Elle ne doit pas s'imposer nécessairement comme régime de pensée, d'écriture et de lecture. La séquentialité du texte imprimé constitue la règle générale, qui supporte de nombreuses exceptions : de genres (dictionnaires, encyclopédies, manuels, journaux), de présentation (typographie dite « mosaïque » ou « foisonnante »), de fonctionnalités de certaines parties du texte (index, notes, tables, glose). Pour cette raison, Nelson qualifie l'hypertexte de « fondamentalement traditionnel ».

La séquentialité présente un double défaut : elle correspond mal au mouvement de la pensée, elle impose à tous les lecteurs une seule et même manière de parcourir le texte. Au lieu de multiplier les écritures, et les présentations, l'hypertexte proposera différentes versions du même texte activées par différents parcours en fonction des stratégies des lecteurs.

Même à ce niveau de généralité de l'hypothèse, une question s'ouvre : quelle différence y a-t-il entre une présentation hypertextuelle, et une présentation simplement « multi-séquentielle » ?

La réponse que donne Nelson apparaît bien à travers la description, elle aussi minimale, des différents styles d'hypertexte :

– l'hypertexte par « blocs » ou « fragments » *(Chunk style hypertext)*. Comme avec une encyclopédie, ou un jeu de fiches, le lecteur lit un bloc de texte, puis un autre, dans l'ordre qui lui convient ;

– l'hypertexte étendu *(Compound hypertext)* fait appel à la notion de renvoi. Chaque portion du texte, présenté de manière non séquentielle, renvoie à un ou plusieurs autres textes. Se trouvent ainsi combinés l'association d'un texte à un autre (renvoi) et le passage d'un bloc à un autre, l'ensemble constituant le parcours ou « navigation ».

« Hyper » désigne alors un espace à *n* dimensions. Formellement, plus le nombre de textes auxquels renvoie le premier s'approche de la totalité des textes, plus augmente le caractère non séquentiel du dispositif.

C'est donc très logiquement que Nelson a été amené à concevoir une machine éditoriale globale, un dépôt universel des textes. Il l'a appelé Xanadu, double hommage à Coleridge et à Orson Welles. Xanadu représente un prototype illustrant le modèle d'hypertexte imaginé par Nelson, et un programme pilote à l'occasion duquel les principaux composants de la technologie de l'hypertexte ont été créés et testés. D'un autre point de vue, Xanadu est une anticipation d'Internet.

Méthode et médium

Quelle pouvait être la réception technologique de l'hypertexte ainsi conçu ? Malgré la notoriété d'Engelbart et de Nelson, l'industrie informatique n'était nullement disposée à intégrer l'approche hypertextuelle comme élément clé de son développement. Les « fonctionnalités hypertextuelles » étaient identifiées mais cantonnées à certaines applications précises : la documentation volumineuse, le travail de groupe.

C'est le développement de l'ordinateur comme moyen de communication au cours des années 80, qui a relancé l'intérêt pour la méthode.

A ses débuts, l'ordinateur n'apparaît pas comme un nouveau médium, un objet technique de la même famille que le livre, le film de cinéma, etc. C'est un calculateur, et les langages de programmation s'appliquent progressivement aux fonctions de diverses activités sociales : on parle alors d'informatisation. En particulier, l'informatique apprend à produire du texte (photo-composition automatique, traitement de texte, publication assistée par ordinateur, édition électronique) sans rien modifier au produit final, au support, à son image.

Pour que l'ordinateur puisse prétendre à constituer un « nouveau médium », selon la formule courante de la littérature informatique, il faut :

– une technique universelle de codage, stockage, traitement et transmission des données : c'est le cas avec la numérisation ;

– un dispositif de représentation, restitution de cette information, ayant les qualités pratiques d'un support de communication : c'est ce à quoi correspond l'ordinateur personnel, et notamment l'ordinateur multimédia, véritable machine à lire, à voir et entendre ;

– enfin, un art de la représentation, à tout le moins une méthode suffisamment généralisable : c'est ici que peut jouer la notion d'hypertexte.

Considérer l'ordinateur comme un médium, plutôt que comme un « outil », c'est déplacer l'intérêt des « fonctionnalités » vers « l'interface », du moteur informatique vers l'interaction homme-machine.

Brenda Laurel, un des promoteurs de cette conception, compare l'ordinateur au théâtre : le spectateur n'ignore pas l'existence d'une machinerie, il sait qu'on a dû construire les décors, etc ; mais il participe à la pièce en fonction de ce qui se passe sur la scène. Si l'interface est la scène de l'ordinateur, l'hypertexte pourrait en être le jeu ou la mise.

Ted Nelson fait clairement partie de ceux qui se rangent consciemment du côté de « l'invention du nouveau médium ». Sa position s'est formée en plusieurs étapes :

– critique de « l'informatisation » simple automatisation des procédures existantes, qu'il s'agisse de recherche documentaire, de publication, d'enseignement. Le développement de l'informatique doit être l'occasion d'établir l'hypertexte comme méthode ;

– critique de l'approche dominante du texte électronique, qui reste rivée à la « sortie papier ». La direction qui revient à prendre pour modèle la chose imprimée, et à rechercher la plus parfaite ressemblance de l'écran et de l'imprimé induit un biais dans la représentation. Nelson préconise de prendre l'exacte mesure du médium, de dégager résolument ce que son interface a de spécifique. Ce point fera l'objet de divergences avec un autre spécialiste de l'hypertexte, Andries Van Dam, réalisateur du logiciel Intermedia à la Brown University ;

– critique des interfaces actuelles considérées comme un bricolage provisoire. Pour Nelson, l'ordinateur multimédia est un matériel qui ne dispose pas de son mode de représentation spécifique.

Certains commentateurs vont proposer une vision plus systématique, en un sens plus radicale, du rôle de l'hypertexte dans le médium. L'ouvrage de Jay Davis Bolter, *Writing Space (L'espace de l'écriture),* ainsi que les diverses collections de textes éditées par Ed. Barrett au MIT illustrent bien ce courant.

Prenons l'exemple de Bolter. Il a peu de choses en commun avec Nelson : c'est un universitaire, de formation à la fois informatique et littéraire, qui recourt fréquemment aux références européennes. *Writing Space* développe une analyse de l'hypertexte autour des questions de l'avenir numérique, informatique du livre et du texte. D'après Bolter, le livre imprimé est en passe d'être marginalisé par l'ordinateur comme médium.

L'hypertexte est l'axe de constitution de ce nouvel espace d'écriture et de lecture qui s'oppose, point par point, à celui du livre imprimé. Les principaux traits de cette opposition pourraient se résumer ainsi :

– livre imprimé : norme séquentielle et linéaire, structure habillée typographiquement, fixité de la forme, texte limité, unitaire, principe d'un bon parcours de lecture, prééminence de l'auteur ;

– ordinateur : norme non séquentielle, hypertextuelle, structure visible, à nu, fluidité et malléabilité de la forme, texte illimité, indéterminé, en réseau, ouverture à des parcours multiples de lecture, intervention et prééminence du lecteur.

Il s'agit donc bien d'une proposition, nouvelle et globale, pour le nouveau médium. Pour mesurer sa nouveauté, il faut rappeler quelles visions de ce qu'il était convenu d'appeler « le livre électronique » prévalaient dans la phase précédente. Elles combinaient l'insistance sur les capacités importantes de stockage et de transmission, le recours aux procédures d'informatisation du texte, notamment en matière linguistique, et la recherche d'une parfaite ressemblance entre le texte-écran et le texte-papier. Caractéristique de cette approche était l'ambiguïté sur le médium : le livre électronique désignait tantôt le support, CD-ROM par exemple, tantôt la machine à lire, l'ordinateur.

Selon Bolter et d'autres commentateurs, l'hypertexte indexe le médium électronique. Pour l'essentiel, trois grandes caractéristiques définissent cette structuration par l'hypertexte de l'espace écrit : la pluralité des présentations, le réseau de textes, l'écriture et la lecture non séquentielles.

Le texte typographique se présente sous une forme matérielle stable, une seule pour tout lecteur, l'imprimante étant l'image inversée de l'imprimée. D'une certaine manière, le rôle de l'opération éditoriale, pour sa partie technique, revient à produire une image du texte et une seule correspondant à la recherche d'un effet de sens précis. Au contraire, le codage numérique autorise un jeu immédiat entre le fichier électronique « matrice » et les différentes présentations possibles. Cet aspect de la question avait été repéré depuis longtemps au stade de la production du texte : il suffisait d'admettre que la lecture électronique n'était pas techniquement autre chose qu'une nouvelle production de ce texte soit, pour commencer, la production d'une nouvelle image du texte.

Aussi « évidente » qu'elle semble être devenue, cette constatation ne s'est imposée que très lentement. Comme s'il fallait détourner la proposition de MacLuhan – le contenu d'un médium c'est le médium précédent – la primauté était donnée à la recherche d'une ressemblance avec l'imprimé, donc à la définition d'une seule forme qui convienne, et d'une adéquation de l'écran et du papier. Cette tendance bloquait nécessairement l'évolution vers la lecture électronique.

Aujourd'hui, sous des appellations diverses, « interactivité », « virtualité », « document actif », la plupart des spécialistes s'accordent sur cette spécificité du médium électronique : dans la lecture sur ordinateur, le fichier de texte ne correspond pas à une image fixe mais à une diversité d'images possibles. Cependant, il s'en faut de beaucoup que le rattachement de cette caractéristique à l'hypertexte soit acceptée de tous. En effet, ici, l'hypertexte vaut seulement comme théorie favorable par principe à la multiplicité des présentations et des lectures, et convoquant, dans cette optique, les qualités propres du médium : elle ne les suscite ni ne les organise.

L'idée qu'un texte n'est pas une entité fermée, séparée, est l'idée même de littérature. En insistant sur les dépendances, connexions, renvois, les informaticiens donnent facilement aux littéraires l'impression de redécouvrir une évidence. C'est simplement que pour l'informatique, la littérature est encore une idée neuve. En forçant à peine le trait, l'image ancienne et dominante du texte pour l'informatique pourrait être celle d'un sac de données, relié seulement à d'autres objets par des descriptions extérieures, elles-mêmes produites et organisées par le système d'information.

Les partisans de l'hypertexte ont voulu rompre avec cette tendance, caractéristique notamment des bases de données anciennes. Ed. Barrett l'affirme explicitement dans *The Society of Text* et justifie ainsi sa formule : « Plutôt que d'informatiser le texte, textualiser l'ordinateur. »

Il faut insister sur le caractère technique de cette « intertextualité informatique ». Elle apparaît comme une qualification majeure, voire une condition de la lecture électronique, en particulier comme lecture extensive.

La consultation, la lecture extensive d'un texte donné sur l'écran a une faible performance par rapport à la lecture du même imprimé. En revanche, le réseau informatique de textes offre, en vitesse et maniabilité, une économie de lecture très supérieure. Il n'a pas pour seul effet d'améliorer la recherche documentaire ou littéraire en mettant à la disposition du lecteur un grand nombre de textes. Le texte est techniquement informé par le réseau, par la grappe des autres textes qui lui sont reliés : les différentes versions peuvent être comparées, les dictionnaires activés automatiquement, les annotations rassemblées.

Le World Wide Web sur Internet a particulièrement illustré la force de ce bloc de fonctionnalités. Il a aussi démontré que l'idée informatique du réseau de textes n'était pas une simple duplication du réseau littéraire. En général, les frontières des textes sont déplacées. L'Internet, par exemple, trouble les limites des genres en fusionnant publication et courrier électroniques. Pour le dire rapidement, le réseau, la lecture électronique extensive et l'hypertexte se sont renforcés mutuellement, dans un compromis technique efficace.

L'hypothèse de l'hypertexte se trouvait ainsi vérifiée dans la situation particulière de la lecture contextuelle. Mais sa validité en général comme « écriture non séquentielle » (Nelson), ou « écriture topographique » (Bolter), et par là même sa place comme méthode ou interface du nouveau médium demandaient encore à être confirmées. Il apparaissait cependant clairement que des différentes approches informatiques qui traitaient de l'objet littéraire, l'hypertexte – aussi vague que soit la notion de réseau de textes, ou en raison même de son vague – était celle qui se rapprochait le plus d'idées facilement acceptées par la communauté littéraire.

Littérature et informatique : la théorie de la convergence

Acceptons ce qu'on nous dit : l'hypertexte comme carrefour – ou idée d'un carrefour – de l'informatique et de la littérature. Mais plutôt qu'à célébrer ce grand rassemblement de spécialités, de savoirs et de personnalités, qui n'aurait pas pu ne pas se produire, attachons-nous à décrire les mouvements de quelques-uns : qui monte et qui descend ? Est-ce d'un pas résolu ou par égarement ? Vont-ils poursuivre ensemble ? se séparer ? rebrousser chemin ? (toutes questions éminemment hypertextuelles).

Le plus clair est le déplacement de l'informatique vers la littérature qui correspond à une extension du domaine concerné.

Les premiers textes envisagés par les promoteurs de l'hypertexte ne relèvent pas de la littérature générale, même si celle-ci fournit d'abondantes références et « métaphores ». Il s'agit de textes techniques – et d'abord ceux de l'informatique elle-même (spécifications, représentations des données et traitements) et de ce qu'il est convenu d'appeler des « documents ». Progressivement, l'approche hypertextuelle se généralise, résorbant la frontière entre le *pragmatic writing* et les *lasting texts* (textes de référence, patrimoine littéraire). De même, on expérimente la méthode pour l'enseignement de la littérature. Il reste que Slatin qui, dès 1988, présente l'hypertexte comme « un concept littéraire particulièrement adapté à la poésie du XXe siècle », fait longtemps figure de cavalier seul dans les publications du MIT consacrées à l'hypertexte.

En sens inverse, de la littérature vers l'informatique, le mouvement est plus indécis. Dans un article récent, Paul Delany donne quelques exemples de « l'éclipse des études littéraires assistées par ordinateur ». Stanley Fish – que l'historien du livre Robert Darnton salue comme « un de ceux qui ont fait de la lecture le sujet central de la critique textuelle » – soutient que l'ordinateur ne sera jamais capable de produire des « interprétations » des textes... Et Marc Olsen proclame rondement en 1994 un « échec général des études littéraires assistées par l'ordinateur ». Ces points de vue font certainement partie du tableau général, mais il est plaisant aussi de constater qu'ils correspondent très exactement, y compris dans le refus de l'intelligence artificielle, à l'orientation de Nelson.

Au début des années 90 se développe la théorie de la « convergence », en particulier dans trois livres : *Writing Space*, déjà cité, *Hypermedia and literary studies* de Delany et Landow, et *Hypertext, the convergence of contemporary critical theory and technology*, de Landow.

Cette théorie peut se résumer ainsi : la notion d'hypertexte est l'occasion d'un rapprochement entre la technologie et les théories littéraires, représentées en particulier par le poststructuralisme et la déconstruction.

Landow parle d'un « choc de reconnaissance » et intitule son introduction : *Hypertextual Derrida, post-structuralist Nelson* ? Le noyau de littéraires américains qui se sont intéressés à l'hypertexte au point de participer à la réalisation de certains logiciels (Intermedia et Storyspace) retrouvent dans les livres de Barthes, Derrida, Genette, les idées mêmes qui constituent leur orientation technique. Selon Landow, l'hypertexte est « littéralement une incarnation frappante de certains concepts majeurs de Barthes et Derrida ».

Ainsi, les différentes pièces de la machine littéraire de Nelson correspondent-elles trait pour trait à ces conceptions : les blocs de texte *(chunks)* s'identifient aux lexies de Barthes ; la « structure de connectivité » au réseau, « galaxie de signifiants » (RB) ou réseau de références (Foucault). L'ouverture du texte, l'intertextualité, le décentrement-recentrement comme pratique de lecture, la prééminence du lecteur constituent l'horizon commun de la théorie et de la technologie.

La consistance de ce rapprochement est évidemment débattue. D'ailleurs l'utilisation coïncidente du mot « hypertexte » se signale d'emblée par des écarts évidents de signification et de registre que Jean-Louis Lebrave a relevés. Essayons au moins de déplier cette coïncidence en évoquant trois utilisations.

Genette classe et définit les différentes catégories de « transtextualité » et assigne à l'hypertexte la place d'une relation de dérivation d'un texte à un autre.

Nelson combine l'hypertexte comme écriture non séquentielle, l'intertextualité comme garantie de la méthode, la littérature au service de l'association.

Quand à Bolter, il qualifie d'hypertexte le régime global des relations transtextuelles.

Sur cette dernière base se développe la définition largement répandue et passablement imprécise de l'hypertexte comme « réseau de textes ».

La théorie de la convergence est présentée avec plus ou moins de retenue. Mais elle penche toujours du côté du systématisme, en proposant une série simple de rapprochements simples :

– présentation de l'hypertexte et de l'hypermédia comme un nouveau stade technique instituant un autre régime de visibilité de l'écrit ;

– correspondance entre les traits spécifiques du nouveau médium et les thèses d'une partie de la critique littéraire (poststructuralisme et déconstruction) ;

– correspondance, essentiellement sur la non-séquentialité, l'écriture fragmentaire, entre le mouvement de la littérature contemporaine et la technologie de l'hypertexte ;

– plus généralement, rapprochement de l'ouverture hypertextuelle et de l'idée même de littérature, de « l'ordre des livres ».

Un des déconstructeurs américains, Hillis Miller, auteur de *Theory now and then* et de *Fiction and repetition*, s'est exprimé avec prudence sur la relation de son propre courant critique avec l'hypertexte : « La relation est multiple, non linéaire, non causale, non dialectique, et lourdement surdéterminée. Elle ne correspond pas à la plupart des modèles traditionnels pour définir des relations. »...

Technologie de l'hypertexte

Une grande diversité de produits électroniques disposent de fonctionnalités hypertextuelles : des logiciels d'écriture, de lecture, d'édition, d'archivage, de recherche documentaire, de travail en groupe ; des publications, multimédia ou non ; des textes électroniques circulant sur le réseau. Par exemple, Storyspace est un logiciel d'écriture hypertextuelle qui relève de la famille des traitements de texte et d'assistance à la rédaction ; le Poste de lecture assisté par ordinateur de la Bibliothèque de France a été conçu comme un dispositif de lecture informatique active, favorisant les parcours de type hypertextuel ; HTML *(Hyper Text Markup Language)* est le format des documents hypertexte utilisé sur le World Wide Web.

Tous ces produits ont en commun d'utiliser la même interface « nœuds et liens » : en un point donné d'un texte, l'utilisateur peut, généralement en « cliquant », activer un lien qui conduit à un autre point du même texte ou d'un autre. Il s'agit là seulement de l'apparence, du style de présentation, peut-être provisoires, des fonctionnalités hypertextuelles. Tout dépend évidemment de la qualité et de la richesse du découpage en unités, et des liens eux-mêmes.

Un dispositif hypertextuel s'appuie en réalité sur deux directions techniques : la mobilisation des différentes caractéristiques du texte identifiées sur un plan informatique et l'organisation du parcours lui-même.

Un texte électronique est plus ou moins « connu par l'ordinateur ». S'il s'agit seulement d'une numérisation en mode image, l'ordinateur ne connaîtra qu'une carte de points noirs ou blancs. A l'opposé, le texte peut être informé par toutes les caractéristiques qui auront ou pourront être relevées et enregistrées, au cours des différents processus de production et d'interprétation.

Ces caractéristiques peuvent se situer : soit au niveau de la langue : possibilités d'indexation, de recherche par cooccurrence, d'analyse stylistique, syntaxique, dictionnaires ; soit au niveau du texte lui-même : caractéristiques physiques significatives, structure normalisée ou non, historique, autorité, péritexte ; soit au niveau des différentes lectures et interprétations : historique et analyse des consultations et annotations.

La « navigation » reviendra à utiliser tel ou tel de ces descripteurs dans le cadre d'une lecture non séquentielle. Un exemple trivial est l'utilisation de la structure pour passer directement d'un sommaire à la page demandée. Mais le lecteur peut aussi identifier automatiquement certaines parties significatives du texte, procéder à une indexation, élargir sur d'autres vocabulaires (dictionnaire, thésaurus), et effectuer ainsi un parcours de lecture transversal, original. En théorie, plus riche sera l'auto-information du texte électronique, plus efficace et plus significative la navigation hypertextuelle.

Dans cette première direction, d'une certaine manière, tous les liens se valent : du point de vue de l'ordinateur, « voir aussi » et « aller à la suite » ne sont pas des liens techniquement différents, même s'ils disposent de représentations distinctes à l'écran ; le lecteur ou le scripteur sont seulement assistés pour produire le sens du parcours. L'hypertexte se situe du côté de l'homme plutôt que de celui de la machinerie. Il est à la peau du médium.

La seconde direction technique ne transforme pas mais déplace ce rapport homme-machine. Il s'agit, ici, de produire plus ou moins automatiquement le parcours d'écriture-lecture, en se rapprochant de la programmation. On pourrait qualifier d'hypertexte extensif la première direction qui cherche à exploiter les différentes informations sur le texte, et d'hypertexte intensif l'intégration de cette exploitation et de la simulation organisée du parcours lui-même.

Il n'est pas très utile d'insister sur les difficultés innombrables qui jalonnent cette deuxième piste. Différentes méthodes peuvent être utilisées. L'une porte sur la sémantique des liens ; elle vise à organiser la relation que l'on souhaite établir entre deux parties de textes, entre un texte et un traitement. Certains logiciels permettent de nommer, de hiérarchiser les liens, et de leur affecter des symboles graphiques. Il est beaucoup plus difficile de les définir et de les classer : « aller à », « commenté par », et « opposé à » n'appartiennent pas aux mêmes groupes de liens. Une autre méthode revient à modéliser les interventions sur le texte et à représenter et proposer différentes positions d'écriture-lecture. Il s'agit, dans ce cas, de simuler une qualification du lecteur, à partir des parcours précédents, en fonction de ses intérêts, connaissances et spécialités propres. Enfin, en recourant, par exemple, aux modèles topographiques, on peut s'efforcer de générer automatiquement des parcours.

Ces différentes composantes de la technique hypertextuelle ne forment pas une boîte à outils dans laquelle on pourrait puiser indifféremment. Leur importance respective dépend étroitement de la démarche littéraire adoptée : édition de textes connus déjà sous la forme imprimée, ou écriture électronique originale ; accent porté sur le texte ou sur l'opération de lecture/écriture.

L'édition hypertextuelle – c'est le cas le plus fréquent – revient à automatiser les fonctionnalités de l'objet-livre : plutôt que de tourner les pages, ou de chercher physiquement le livre cité, y accéder directement. Tantôt elle pallie les faiblesses du médium électronique, tantôt elle produit une économie de lecture entièrement renouvelée.

En soi, cette transformation est déjà considérable : déplacement des genres littéraires et éditoriaux, des relations entre le texte et le « péritexte », production d'une nouvelle interface typographique.

Autrement dit, les éléments hypertextuels anciens, que Bolter décrit en quelque sorte comme dominés, comprimés dans le cadre du livre imprimé, ne sont pas conservés à l'identique au cours de leur automatisation.

Mais l'écriture hypertextuelle est d'un autre ordre. Elle représente un engagement dans le sens de la fragmentation, de la digression, de la multiplication des parcours, jusqu'à la position la plus radicale que Jean-Pierre Balpe décrit comme une organisation chaotique, aléatoire de l'écriture. Pour ce type de composition, la technologie d'un hypertexte intensif est évidemment nécessaire.

Il est assez tentant de déplacer la question en passant du comment au qui, de la technique au lecteur/auteur. Plutôt que de retenir les qualités hypertextuelles d'un texte donné et de son support, on insiste alors sur l'intervention active du lecteur/auteur, sur l'hypertextualisation. Cette approche est d'ailleurs conforme à la définition originale de Nelson : l'hypertexte autre mode d'écriture, plutôt que catégorie de textes, ou nouveau régime de visibilité de l'écrit.

La notion d'hypertexte pourra désigner finalement le plan de travail du lecteur/auteur, l'enchaînement de ses opérations textuelles, de ses « manœuvres ». Jacques Virbel propose de regrouper ces opérations en quatre grandes classes composant un système : le marquage ou balisage, la structuration, l'annotation, la prospection informatisée.

En tout cas, cette lecture hypertextuelle ne peut manquer d'influencer le régime d'autorité littéraire. C'est ce que démontre la communication sur Internet : plutôt que de faire circuler des textes ou de l'information, le réseau met les hommes en relation. Il redispose, et socialise d'une nouvelle manière les auteurs-lecteurs, et leurs différents moyens techniques (textes, images, sons, programmes). L'hypertexte joue comme vecteur technique et modèle culturel de cette transformation plus profonde que ne le laissent percer les débats juridiques ; par exemple, la possibilité concrète d'établir un lien touche aux droits d'accès, de citation, de réponse.

Grand prophète celui qui peut décrire à la fois toutes les nouveautés du support, du style, de la société des auteurs-lecteurs.

Parmi les théories de l'hypertexte que j'ai évoquées, beaucoup se veulent consolantes : l'adéquation naturelle de l'homme et de la technique est leur parti pris politiquement correct. Paradoxalement, elles contribuent à diffuser une notion ouverte, nullement harmonieuse, mais, au contraire, passablement problématique et critique à l'égard des correspondances, convergences, relations entre l'écrit et le support, l'homme et la technique.

Alain GIFFARD
(IMEC Paris)

Références bibliographiques

Ouvrages

Balpe Jean-Pierre, *Hyperdocuments, hypertextes, hypermédias*, Eyrolles, 1990.

Bolter Jay David, *Writing Space : The computer, hypertext, and the history of writing,* Lawrence Erlbaum Associates, 1991.

Genette Gérard, *Palimpsestes, la littérature au second degré*, Éditions du Seuil, 1982.

Landow George P., *Hypertext : The convergence of contemporary critical theory and technology,* The Johns Hopkins University Press, 1992.

Laufer Roger, Scavetta Domenico, *Texte, hypertexte, hypermédia,* PUF, « Que sais-je ? », 2e éd., 1995.

Laurel Brenda, *Computers as Theatre,* Addison-Wesley, 1993.

Nelson Theodor Holm, *Literary Machines 90.1,* Mindful Press, 1990.

Nelson Theodor Holm, *Computer Lib,* Microsoft Press, 1987.

Articles, extraits de recueils

André Jacques, « Vers un poste de travail sur l'écrit », in *Hypertextes et hypermédias,* J.-P. Balpe, A. Lelu, I. Saleh, Hermès, 1995.

Balpe Jean-Pierre, « Quel avenir pour l'hypertexte ? », in *Les bases de données avancées,* I. Saleh (éd.), Hermès, 1992.

Balpe Jean-Pierre, « Un roman inachevé - Dispositifs », in *Informatique et littérature, Littérature*, n° 96, déc. 1994, Larousse, 1994.

Barrett Edward, « Thought and Language in a Virtual Environment », in *The Society of Text*, E. Barrett (ed.), The MIT Press, 1989.

Bush Vannevar, « As we may think », *Atlantic monthly,* July 1945, repris dans Nelson, *Literary Machines.*

Clément Jean, « Du texte à l'hypertexte : vers une épistémologie de la discursivité hypertextuelle », in *Hypertextes et hypermédias*, 1995.

Clément Jean, « Fiction interactive et modernité », in *Littérature*, n° 96.

Delany Paul, « L'ordinateur et la critique littéraire », in *Littérature*, n° 96.

Engelbart Douglas, « A conceptual framework for the augmentation of man's intellect, in Vistas », in *Information Handling*, vol. 1, Spartan Books, 1963.

Giffard Alain, « Nouveaux médias et nouvelles structurations », in *Archimag*, n° 7, avril 1993.

Giffard Alain, « La fatalité fictionnelle », in *Art Press*, n° 14, hors série, 1993.

Giffard Alain, « Le clou et la clé », in *Dossiers de l'audiovisuel*, n° 54, INA-La Documentation française, 1994.

Grunberg Gérald, Giffard Alain, « New orders of knowledge, new technologies of reading », in *Future Libraries*, R. H. Bloch, C. Hesse (eds), University of California Press, 1995.

Kay Alan, « User Interface : A Personal View », in *The Art of Human Computer Interface Design*, B. Laurel (ed.), Apple Computer, Inc., 1990.

Landow George P., Delany Paul, « Hypertext, Hypermedia and Literary Studies : The State of the Art », in *Hypermedia and Literary Studies*, P. Delany, G. Landow (eds), The MIT Press, 1991.

Lebrave Jean-Louis, « Hypertextes-Mémoires-Écriture », in *Genesis*, n° 5, 1994, Éditions Jean-Michel Place, 1994.

Laufer Roger, « L'écriture hypertextuelle : pratique et théorie. A partir d'une recherche sur *Rigodon* de Céline », in *Littérature*, n° 96.

Mazhoud Omar, Pascual Elsa, Virbel Jacques, « Représentation et gestion d'annotations », in *Hypertextes et hypermédias*, 1995.

Nanard Marc, « L'apport des travaux de recherche dans les hypertextes aux techniques éducatives », in *Actes du séminaire « Hypermé-*

dias, éducation et formation 1994 », E. Bruillard, B. de la Passardière, G.-L. Baron (eds), 1995.

Nelson Theodor Holm, « The right way to think about software design », in *The Art of Human Computer Interface Design*, 1990.

Rizk Antoine, Streizt Norbert, André Jacques, *Hypertext : Concepts, Systems and Applications*, Cambridge University Press, 1990.

Slatin John M., « Hypertext and the teaching of writing », in *Text, Context and Hypertext*, E. Barrett (ed.), The MIT Press, 1988.

Slatin John, « Reading Hypertext : Order and Coherence in a New Medium », in *Hypermedia and Literary Studies*, 1991.

Stiegler Bernard, « Machines à lire », in *Sciences de l'information et de la communication*, D. Bougnoux (éd.), Larousse, 1993.

Stiegler Bernard, « Machines à écrire et matières à penser », in *Genesis*, n° 5.

Virbel Jacques, « Annotation dynamique et lecture expérimentale : vers une nouvelle glose ? », in *Littérature*, n° 96.

Virbel Jacques, « La lecture assistée par ordinateur et la station de lecture de la Bibliothèque nationale de France », in *Les banques de données littéraires*, A. Vuillemin (éd.), PULIM, 1993.

Virbel Jacques, « Reading and Managing Texts on the Bibliothèque nationale de France station », in *The Digital Word*, P. Delany, G. Landow (eds), The MIT Press, 1993.

Yankelovich Nicole, Meyrowitz Norman, Van Dam Andries, « Reading and Writing the Electronic Book », in *Hypermedia and Literary Studies*, 1991.

L'édition électronique d'une œuvre littéraire : Les *Électro-chronicques* de Rabelais

La conception du CD-ROM Rabelais et son historique[1]

L'idée de cette publication électronique consacrée à Rabelais procède de la mise en commun à partir de mars 1994 des possibilités offertes par différentes institutions : en premier lieu, le fonds ancien de la Bibliothèque Municipale de Lyon, bien connu des chercheurs qui travaillent sur la période de la Renaissance ; sa richesse pouvait fournir à l'évidence une matière importante concernant l'environnement littéraire et philosophique de l'œuvre rabelaisienne. Ensuite, les textes mêmes de Rabelais augmentés de ceux qu'on appelle « pararabelaisiens » *(Chroniques, Disciple de Pantagruel...)* disponibles sur support informatique et mis au point depuis de nombreuses années au sein de l'Équipe Informatique et Lettres de Clermont-Ferrand, à partir d'un principe de fidélité maximale aux éditions originales. Enfin, les recherches d'Étienne Brunet à l'Université de Nice et au CNRS, qui ont abouti à l'écriture sous MacIntosh d'un logiciel de banque de données textuelles *(Hyperbase)* et à l'extension des fonctionnalités hypertextuelles. La Commémoration nationale en 1994 a été l'occasion d'obtenir le soutien du Centre national du livre et de réunir en un temps relativement

1. Version MacIntosh, éditions Les Temps qui courent.

bref ces trois composantes. Les textes électroniques ont donc fourni la base ; les ouvrages de la Bibliothèque de Lyon, les occasions de liens en hypertexte et en mode image ; et le logiciel Hyperbase, le moyen de circuler dans les textes et dans les images. On nous a déjà fait remarquer que la double ambition de ce disque était précisément trop ambitieuse : compter sur un large public qui prendrait plaisir – nous l'espérons – à manipuler des textes et des images sans objectif particulier, tout en estimant que le lecteur érudit et le chercheur ne dédaigneraient pas nos efforts pédagogiques. Les modèles que nous avions à notre disposition à ce moment-là étaient le *Thesaurus* grec de Packard, le CETEDOC de la patristique, le CD-ROM Discotext 1 de l'INaLF, les premiers CD d'histoire de l'art de la Réunion des Musées Nationaux et les CD pédagogiques.

Les imperfections et les erreurs de cette première réalisation apparaîtront rapidement aux premiers utilisateurs. Elles seront, je l'espère, possibles à amender, le support électronique permettant précisément de réaliser des éditions évolutives.

Nous aurions souhaité pouvoir fournir les textes de Rabelais dans toutes les éditions principales de l'époque avec un système de comparaison automatique. Vaste réalisation, qui s'accomplira sans doute un jour. Pour commencer par un échantillon, nous avons établi une présentation synoptique des *Pantagruel* de 1532 et 1542, des *Quart Livre* de 1548 et de 1552. Le défilement et les recherches automatiques dans les deux colonnes permettent de comparer les deux textes beaucoup plus rapidement que si l'on dispose seulement des reproductions ou des éditions modernes plus ou moins homogènes.

La présence d'autres textes que les romans (comme les *Pronostications*) se justifie par le souci d'offrir à la consultation d'autres productions rabelaisiennes, bien qu'elles eussent pu être plus complètes : ni les Lettres, ni la *Sciomachie*, n'ont pu être prêtes à temps. Il fallait dans ce cas revenir également aux textes originaux, les éditions critiques actuelles intervenant dans l'orthographe et la ponctuation de façon regrettable pour l'homogénéité du corpus. Seules les *Pronostications* et les *Chroniques admirables* n'ont pas pu être entièrement révisées dans cette première version, la pagination renvoie aux éditions critiques existantes. Après de longues années de réflexion sur les problèmes de norme et d'éditions de référence, nous avons choisi de traiter une hétérogénéité et une incohérence « d'époque ».

Les possibilités actuelles

La mise à disposition des textes de Rabelais répond à un souci patrimonial. Pourtant, l'utilisateur du disque aura, en les consultant, l'impression d'avoir sous les yeux quelque chose de très différent du livre authentique : les contraintes de la consultation électronique très élaborée d'Hyperbase obligent à opérer un découpage du texte indispensable à la limitation des contextes et au repérage des mots dans la constitution des index, des concordances et des listes. La possibilité offerte au lecteur de voyager dans les textes en choisissant lui-même sa forme de consultation oblige à renoncer à une fidélité absolue de présentation. On aura une meilleure idée de la forme du texte électronique saisi en se reportant à l'édition en *fac-dissimilé* à paraître au Service des Publications de l'Université Blaise-Pascal, édition électronique sur papier des cinq romans accompagnée de l'index complet, où les seules interventions consistent à dissimiler *i* et *j*, *u* et *v*, et à désabréger, pour des raisons techniques évidentes. Certains chercheurs souhaiteraient proposer un texte entièrement diplomatique, sans les interventions citées. Facilement réalisable en traitement de texte, cette version absolument conforme à un exemplaire d'origine complique de façon vertigineuse les indexations automatiques et le fonctionnement de l'hypertexte en rendant impossible (en l'état actuel de nos moyens) la gestion déjà délicate des variantes.

La mise à disposition de ces œuvres consultables sous Hyperbase permettra encore de nourrir le débat qui existe autour des problèmes d'authenticité : la présence, dans une même base, de textes d'attribution douteuse (certains chapitres du *Cinquième Livre*, la *Brève Déclaration* qui accompagne certains exemplaires du *Quart Livre*), de textes authentiques et de textes qui ne sont pas de Rabelais *(Chroniques inestimables, Chroniques admirables, Disciple de Pantagruel)* donne des éléments de comparaison importants. Ils pourront être confrontés au vocabulaire de l'époque tel qu'il est donné dans la base Frantext ou dans la base de Clermont-Ferrand (une centaine de textes de la Renaissance consultables à ce jour). Mais il ne faut pas oublier qu'Hyperbase pour le moment ne traite que des formes, et non des mots. Sans lemmatisation ni regroupement des hétérographes, les résultats des études quantitatives et les calculs de fréquence doivent être analysés avec prudence.

Exploration d'une configuration sémantique. — Cette application est bien connue des collaborateurs des volumes Hubert de Phalèse : elle consiste à parcourir, à l'aide des possibilités de concordances et de contexte immédiatement réalisés, des configurations sémantiques qui incluent la préfixation. Par exemple, si on recherche, comme je l'ai fait pour mes travaux sur la terminologie sémiotique à la Renaissance, les occurrences de *marque*, *note*, *signe*, *indice*, *geste*, on peut obtenir, en demandant une chaîne de caractères *-marqu-*, *-not-*, *-sign-*, *-indi-*, *-gest-*, tous les contextes des dérivés et composés apparaissant dans le corpus. La comparaison avec les textes autres que ceux de Rabelais permet aussi, dans une certaine mesure, de vérifier la rareté ou l'originalité de telle forme ou de tel mot dans la langue de l'époque. Par exemple, une recherche sur les occurrences de « chanvre » et de « lin » nécessitée par l'étude du pantagruélion dans le *Tiers Livre* a permis de faire les constats suivants :

1) le mot *chanvre* ne figure jamais dans le corpus – sauf sous la forme « chenevis » dans un autre contexte –, alors qu'il s'agit bien de lui sur le plan de la référence,

2) la recherche dans l'ensemble de la base (traitée également par Hyperbase) a permis de trouver chez Louis Le Roy (1575), à côté de *lin* et dans une liste botanique, une forme « chembre » qui n'aurait pas paru en relation avec la plante en l'absence de

contexte. A partir de là, il faut naturellement rechercher toutes les graphies « chembre » /« chambre » dans les autres corpus.

Cependant, en l'absence de lemmatisation, la recherche des graphies ne peut être que fondée sur une connaissance non médiocre des systèmes orthographiques à la Renaissance. Un article ou un exposé est ainsi fondé sur une vérification et une exploitation rapides du vocabulaire. La mise en commun de ces recherches devrait conduire naturellement à remettre en question les premières attestations des dictionnaires historiques courants et à proposer des définitions qui compléteraient, voire remplaceraient, celle du dictionnaire Huguet.

Attribution et authenticité. — L'étude de la richesse lexicale d'un texte à l'autre ne peut être exploitée que par un chercheur qui a une idée préalable du texte et des problèmes posés, et qui a de lui-même effectué les lemmatisations qui s'imposent tout en gardant soigneusement des listes de variantes graphiques. On sait que Mireille Huchon, dans *Rabelais grammairien* (Genève, Droz, 1981), est partie de ces variantes pour conclure à l'authenticité partielle du *Cinquième Livre* et à l'authenticité totale de la *Brève Déclaration.* L'analyse factorielle que permet le logiciel d'Étienne Brunet fait surtout apparaître la très grande homogénéité des *Quart* et *Cinquième Livres.* Quant à la *Brève Déclaration*, elle serait attribuable à Rabelais par la présence d'une graphie en « diphtongue » exceptionnelle dans « vul*gu*aire » ; or celle-ci apparaît également dans la dernière édition des *Essais* de Montaigne... Si la vérification automatique amène à nuancer des analyses statistiques opérées manuellement avant l'utilisation massive de l'ordinateur, elle doit cependant être fondée sur des graphies attestées et strictement fidèles aux originaux ; faute de quoi il paraît impossible de déduire un quelconque sentiment de la langue chez un auteur ou même chez un imprimeur, puisqu'on sait que ces derniers sont les premiers responsables de l'état linguistique dans lequel nous avons accès aux textes.

Modifications notables apportées au texte de base dans l'ensemble des textes gérés par Hyperbase

La *fragmentation* a dû être modifiée pour des raisons techniques : l'absence de paragraphes dans les éditions originales, la détermination extrêmement fluctuante de ce qu'on n'appelait pas encore une « phrase » à l'époque, ont conduit à sélectionner faute de mieux un contexte qui va d'une ponctuation forte à une autre. Il faut donc soigneusement distinguer les textes qui servent aux recherches automatiques et qui exigent une présentation et une normation particulières, et les textes électroniques transcrivant les originaux. La solution idéale serait que le lecteur dispose de l'original en mode image de façon à pouvoir contrôler la présentation exacte de l'édition de référence.

Valeur des alinéas créés : la fragmentation étant artificielle, il ne faut donc pas considérer comme des « paragraphes » les alinéas déterminés pour les besoins du traitement informatique.

Ponctuation : dans le *Pantagruel* de 1532 consultable en synoptique, les barres obliques de ponctuation ont été remplacées par des virgules. Elles ont été conservées dans l'édition en mode texte.

Espaces : des espaces[1] ont été ajoutées avant les signes de ponctuation de façon à les isoler des mots. De même, des espaces ont été placées après les apostrophes quand il s'agissait de deux mots différents *(l'espace→ l' espace)*. En outre, il arrive souvent que des apostrophes manquent complètement : dans ce cas, une espace a été rétablie *(lon→ l on)*.

Syntagmes : pour traiter comme un seul mot des syntagmes indissociables (dans les noms propres, par exemple), des signes conventionnels ont été ajoutés, comme le _ qui relie des prénoms et des noms.

1. Féminin, en typographie.

Liaisons hypertextuelles

Elles sont de trois sortes :

– Liaison avec quelques définitions du *Thrésor de la langue française* de Nicot (les mots concernés apparaissent en gras, pour l'ensemble des textes). Elles doivent être considérées plutôt comme des documents concernant l'état de la science lexicographique un demi-siècle après Rabelais : les définitions commencent seulement à apparaître tandis que les correspondances avec le latin restent un souci majeur. Nous avons choisi de recourir à cette édition du *Nicot* parce que son texte électronique (gracieusement prêté par T. R. Wooldridge, de l'Université de Toronto) a permis de retrouver automatiquement des occurrences situées à l'intérieur des définitions d'autres mots : c'est ainsi qu'on lit la définition de la *chronique* à l'entrée *annales*. Il est en outre établi que les premiers dictionnaires du français, à partir de Robert Estienne en 1549, puisent dans le vocabulaire de Rabelais, et qu'il existe un perpétuel va-et-vient entre l'œuvre littéraire et le travail lexicographique. « A rebours », Rabelais était parfaitement au courant des progrès de la lexicographie et de la lexicologie de son temps, il s'est servi des dictionnaires existants (hébreu, grec, latin, et autres) et il reste encore à étudier ces influences croisées. Les liens hypertextuels avec le *Thresor* de Nicot ne sont donc que des échantillons destinés à encourager l'étude de relations approfondies entre les textes et le lexique contemporain.

– Liaison en synoptique : dans les cas où deux versions du texte sont proposées *(Pantagruel* et *Quart Livre),* un bouton apparaît qui permet de choisir la version unique ou la version synoptique. Cliquer sur un mot dans une colonne entraîne automatiquement la recherche du même mot dans la colonne située en face (attention : toute graphie différente entraînera une recherche infructueuse). On aimerait pouvoir faire mieux dans ce principe de comparaison, mais ces deux exemples donnent une idée des immenses possibilités de consultation simultanée d'un texte et de ses variantes éditoriales.

– Liaison avec les images : chaque image peut être appelée à partir d'un mot qui dans le *Gargantua* figure en italiques. Elle a le caractère tantôt d'une hypernote de bas de page (quand il s'agit d'une source de Rabelais), tantôt d'un document apparenté au thème suggéré par le mot en italiques. Elle est à chaque fois précédée par une fiche qui comprend :

– la description technique de la bibliographie lyonnaise ;

– une rapide présentation de l'auteur et de l'ouvrage avec la justification du lien établi entre cette image et le texte de Rabelais ;

– en fin de notice, les titres abrégés des documents, sur lesquels l'utilisateur peut cliquer pour faire apparaître les images correspondantes (elles sont présentées en deux formats). Le problème d'une consultation plus souple sous forme de zoom n'a pour l'instant pas été résolu : si le lecteur veut traiter les images séparément et les récupérer, il a tout intérêt alors à reprendre l'image dans le fichier « illustrations » et à l'ouvrir avec un traitement d'image quelconque.

Le *Gargantua* a été choisi d'abord pour des raisons de temps, moins parce qu'il est plus riche que les autres textes que parce qu'il est exemplaire et représentatif de l'utilisation par Rabelais d'une intertextualité extensible à l'infini. Toute âme de bonne volonté pourra étendre le travail à d'autres volumes...

La dimension patrimoniale. — Cette édition, tout en se voulant éclectique, est cependant volontairement orientée : puisque la plupart des éditions critiques privilégiaient davantage la dimension humaniste de l'œuvre rabelaisienne, nous avons insisté au contraire sur le substrat médiéval, voire scolastique, d'une culture qui a aussi formé l'esprit de l'auteur. On nous reprochera sans doute de ne pas avoir suffisamment cité « hypertextuellement » Érasme : c'est moins une affaire de choix que de hasard. Les éditions des *Adages* disponibles à Lyon n'étaient pas aisément reproductibles. Nous avons également laissé de côté pour cette version les grandes éditions des auteurs classiques : non pas parce qu'il n'y en avait pas à la Bibliothèque de Lyon, mais précisément parce qu'il y en avait trop... Cette sélection, à elle seule, mériterait un travail ultérieur tout particulier. Outre de faire connaître la culture du Moyen Age tardif et du début de la Renaissance, les images sélectionnées ont pour objet de souligner l'évolution, non seulement de l'art de l'imprimerie à cette époque, mais de la relation des auteurs avec la présentation matérielle des livres : les ouvrages dits « populaires » ont une facture archaïque (caractères gothiques, encrage épais) ; les ouvrages savants sont souvent extrêmement denses ; les impressions humanistes sont beaucoup plus claires, aérées, élégantes. Les images n'ont pas été retouchées. Nous avons pu améliorer parfois les défauts du système de reproduction, mais nous n'avons pas cherché à embellir l'original. Chaque page a donc sa singularité et son originalité, qui fait qu'elle n'est jamais exactement la même que celle d'un autre exemplaire apparemment identique, dans une autre bibliothèque. Les tampons, gribouillages, rousseurs, déchirures, pliures, traces d'insectes, encrages déficients, impressions pâteuses, ficelles, etc., sont livrés à l'état brut, avec les difficultés de lecture que cela représente. Mais nous avons jugé que lors d'une exposition de ces mêmes pages, le visiteur ne demanderait pas à ce que l'on retouche les exemplaires. Or, en quelque sorte, cette réalisation se voudrait à la fois édition et exposition. Pour la même raison, nous n'avons pas coupé les pages, même quand une partie de l'image ne se rapportait pas au sujet.

On s'apercevra rapidement que ce choix n'est pas exhaustif : en effet, nous avons dû renoncer à reproduire certains ouvrages, même très connus, pour les raisons suivantes :

– la Bibliothèque de Lyon ne les possédait pas ;

– les exemplaires de cette bibliothèque étaient en trop mauvais état, ou bien la reliure trop serrée rendait la reproduction peu satisfaisante ;

– les éditions disponibles étaient trop tardives.

Nous voulions, dans la mesure du possible, donner une idée de ce qu'était la culture encyclopédique au temps de Rabelais. Travailler avec des ouvrages de la fin du siècle aurait quelque peu faussé ce principe. Cependant, nous avons parfois choisi de présenter une traduction française légèrement postérieure à l'époque de Rabelais, pour faciliter la lecture. On constatera en effet que beaucoup d'ouvrages sont en latin : c'eût été donner une vision déformée de la culture du temps que de renoncer complètement aux ouvrages écrits dans cette langue. Que les lecteurs non latinistes veuillent bien nous excuser pour des choix qui relèvent moins de l'érudition gratuite que d'un certain souci de vérité. De même, certains textes en français, lorsqu'ils sont livrés dans des éditions incunables, écrits en gothique ou en bâtarde avec une encre pâteuse, truffés d'abréviations, ne sont guère accessibles à la lecture rapide. Mais le lecteur qui se trouve devant l'ouvrage lui-même n'a pas toujours un accès plus facile. Il est vrai que la précision insuffisante des écrans ne rend pas compte de la qualité de la numérisation. La sortie sur imprimante laser améliore considérablement la reproduction.

Quant aux liens précis établis entre le texte du *Gargantua* et les autres ouvrages, ils peuvent être évidents (cas de l'*Énigme en prophétie* attribué à Mellin de Saint-Gelais presque intégralement reproduit à la fin du *Gargantua*) ou plus cachés (relations entre l'abbaye de Thélème et le *Songe de Poliphile* de Colonna). Parfois ils sembleront arbitraires : il s'agissait alors pour nous, moins de montrer une « source » de Rabelais que de confronter son œuvre à un texte qui traiterait du même sujet. Au lecteur de juger des conséquences d'un rapprochement qui a également pour but de révéler une partie de l'environnement intellectuel de Rabelais.

Les images en couleur sont justifiées par les ouvrages eux-mêmes, peints à la main ou enluminés. Le *Blason des couleurs* méritait évidemment la couleur, même si le passage correspondant dans *Gargantua* concerne le blanc... L'extrême beauté de certains exemplaires (comme l'herbier de Léonard Fuchs) méritait aussi reproduction. Par ailleurs, nous avons autant que possible donné à voir des illustrations, des schémas, des gravures, qui, outre leur aspect décoratif, permettent aussi de voir l'évolution parallèle (et pas toujours identique) de l'art du texte et de celui de l'image.

La consultation sur Internet

Alors que la possibilité de diffuser parallèlement le contenu du CD-ROM sur le Net n'avait été envisagée au début de l'entreprise que comme un développement ultérieur, il s'est avéré indispensable lorsque nous avons constaté la difficulté de trouver un développeur diligent pour réaliser une version du CD qui soit véritablement opérationnelle sur les deux standards. Il fallait en effet qu'un informaticien accepte de réécrire le logiciel très complexe d'Étienne Brunet sous PC, ce qui n'a pas été possible dans les délais que nous nous étions fixés. Pour permettre l'accès aux principales fonction du CD pour les chercheurs et étudiants ne disposant pas de matériel *Apple*, Étienne Brunet a donc mis au point en un temps record une version Internet en fonction depuis août 1995. Plusieurs milliers d'interrogations ont été réalisées depuis, ce qui dépasse largement le nombre de CD vendus.

Cependant, on sait qu'à l'heure actuelle, les Français n'ont pas tous accès à Internet dans les mêmes conditions : la rareté des nœuds de communication fait que la plupart des chercheurs de province sont désavantagés, et le faible débit de certaines connexions peut rendre impatient quand une image couleur met deux minutes à apparaître sur l'écran, et encore deux autres pour un changement de format. La consultation sur le Net demande en outre une familiarisation minimale antérieure avec le processus d'interrogation et d'accès. Le CD, même s'il demande les mêmes compétences élémentaires, laisse à l'utilisateur le loisir de s'y reprendre à plusieurs fois.

Nous nous excusons auprès des premiers acquéreurs qui ont cru que la version proposée était déjà bivalente : nous avions pensé fournir sur le CD-ROM tous les textes du corpus, en mode texte récupérable sur un traitement de texte quelconque et sous Windows. Mais les menaces sur le copyright se sont fait tellement précises au cours de l'année 1995 que nous avons dû retirer ces fichiers non protégés par un logiciel d'accès de type Hyperbase. En revanche, les illustrations, le dictionnaire et les résultats de concordance sont libres d'accès sur PC... Nous ne pouvions pas décemment laisser copier sans effort le résultat de dix années de recherches effectuées dans le cadre universitaire, au profit d'éditeurs ou d'auteurs sans scrupules qui l'auraient utilisé sous leur propre label. L'adresse est la suivante: http ://134.59.31.3./rabelais.html par Nice, ou http://odalix.univ-bpclermont.fr, par Clermont-Ferrand.

Problèmes à résoudre et améliorations à apporter

Hétérographes et lemmatisation. — Les Index n'ont pas été lemmatisés, ce qui veut dire que les singuliers et les pluriels n'ont pas été regroupés, ni les dérivés, ni les verbes conjugués. Les hétérographes (différentes graphies renvoyant à un même mot) n'ont pas été regroupés non plus, bien que cette procédure soit ultérieurement envisageable. En l'absence d'un logiciel qui soit capable de gérer les nombreuses graphies offertes par les textes, l'utilisateur devra interroger les différentes formes d'un mot, avec toutes les variantes graphiques possibles.

Plusieurs équipes travaillent actuellement à résoudre ce problème important pour la gestion des textes anciens. La coordination de leurs efforts n'est pas encore établie de façon satisfaisante. Un colloque sur les dictionnaires électroniques, qui a eu lieu en juin 1996 à Clermont-Ferrand a permis de confronter les différentes approches sans parvenir encore à définir une procédure standard de lemmatisation associée aux textes des bases textuelles. Le regroupement des hétérographes a été réalisé pour le présent CD de façon manuelle pour les mots liés en hypertexte et signalés par les caractères gras (liaison avec les définitions du *Thresor* de Nicot et avec celles de la *Brève Déclaration*).

Comptabilité. — La compatibilité complète des deux standards Mac et PC est l'objet d'un travail en cours pour la réécriture d'Hyperbase sous *Adobe Acrobat,* sous Mac et Windows. Il faudrait développer ensuite la possibilité d'ouvrir une fenêtre supplémentaire pour pouvoir travailler en même temps sur son propre document (comme dans le logiciel à l'étude pour la BNF). Enfin, faut-il proposer deux versions, l'une destinée aux chercheurs, l'autre à un public plus vaste ? La demande en a déjà été faite lors de démonstrations en médiathèque et nous sommes bien conscients du caractère spécialisé d'un tel outil. L'adaptation à un public d'amateur ou au lectorat scolaire est en soi un sujet de recherche qui va bien au-delà de la simple vulgarisation.

La coopération s'avère difficile avec les éditeurs classiques que nous avons contactés : aucun d'entre eux n'a accepté de prendre des risques (plus sur le plan de l'image de marque que sur le plan financier) pour un produit relativement nouveau. En outre, chacun entend imposer aux auteurs de CD, comme pour les livres, ses normes de présentation, de saisie et de collection. Ces exigences n'ont que peu d'importance s'il ne s'agit que de l'interface. En revanche, elles sont plus graves lorsqu'elles remettent en question les principes scientifiques élaborés en équipe de recherche, comme le respect maximal des graphies et de la ponctuation d'époque. Les éditeurs multimédia se sont montrés plus enthousiastes : la plupart sont nouveaux sur le marché du livre électronique et les normes de présentation des textes sont laissées à l'appréciation des responsables scientifiques.

Le travail d'information et de persuasion auprès des libraires classiques est entièrement à assumer par les auteurs eux-mêmes : la plupart du temps les libraires et responsables de rayons littéraires refusent de distribuer un tel produit, ou, dans les grandes librairies, les CD-ROM sont rangés dans la catégorie des jeux éducatifs. Que le CD-ROM Rabelais se trouve à côté des autres éditions de Rabelais n'aurait rien en soi de scandaleux.

Améliorations. — Il faut encore étendre les calculs aux occurrences très nombreuses et résoudre les questions de limite de capacité de mémoire ; naturellement supprimer les « bogues »..., corriger les fautes de saisie constatées à l'usage, tout en laissant quelques défauts volontaires *(shiboleth)* servant à décourager universitaires ou éditeurs à copier sans autorisation ; améliorer l'interface par une utilisation raisonnable et attrayante des possibilités du multimédia : écran d'accueil moins austère, sonorisation, lisibilité des icônes ; augmenter le nombre des images en couleur. Un autre projet concerne l'adjonction d'un didacticiel de familiarisation avec la langue du XVIe siècle : tests de lecture, apprentissage de la grammaire, de la conjugaison, des possibilités graphiques, essais de prononciation (avec modèles sonorisés). Nous envisageons aussi la transformation des textes du mode image en mode texte, avec traduction du latin et des autres langues. L'échantillon du Nicot devrait être remplacé par un glossaire total et par un dictionnaire des noms propres, tous deux liés en hypertexte et lemmatisés si possible. Enfin, on nous demande d'adjoindre d'autres textes rabelaisiens ou pararabelaisiens pour un corpus plus étendu (manuscrit du *Cinquième Livre*, *Songes drolatiques*, le *Vray Gargantua*, etc.).

Développements en cours

Il convient d'établir, avec les autres équipes concernées, avec les cellules de valorisation des universités et avec le CNRS, une charte de respect des droits et du copyright (pour le CD-ROM, les textes numérisés et la version Internet).

– Création d'une hyperédition. Il va de soi que cette édition électronique ne peut en aucun cas être considérée comme une édition critique. Il s'agit d'abord d'une transcription : le texte est donné avec les graphies et la ponctuation des éditions originales, mais on ne trouve pas de notes savantes (à l'exception des fiches liées aux images), ni même de glossaire. Pour élucider le texte, le lecteur doit se reporter aux éditions critiques actuellement disponibles, qui diffusent une large information dans ce sens. Mais on peut envisager une édition électronique qui serait aussi une édition critique accompagnée d'outils non limitatifs.

— Création d'une Hyperrevue sur le serveur Odalix, où figurent :

– des News dans le domaine, annonces de colloques, thèses en cours, etc. ;

– des actes de colloque (même incomplets) ;

– les propositions d'échange de microfilms, textes originaux numérisés, etc. ;

– l'extension et la diffusion de la base XVIe siècle de Clermont (une centaine de textes) sur Internet, sous réserve d'acceptation de collaboration de la part des éditeurs. La coordination avec l'INaLF est naturellement indispensable ;

– l'accueil et la coordination internationale des travaux sur la Renaissance utilisant le support informatique.

Toutes ces possibilités ne doivent pas paraître complètement utopiques, ni réservées à un auteur aussi singulier que Rabelais. Il y a deux ans seulement, il apparaissait audacieux de vouloir vendre un CD littéraire à 350 F et non à 3 000, de prédire le développement des CD eux-mêmes ; d'utiliser l'hypertexte autrement que pour des jeux destinés aux enfants ; de remplacer la vidéo pédagogique par un système informatique interactif à un prix raisonnable ; de proposer des exemples sonores ou en trois dimensions.

Si tous ces développements sont désormais de l'ordre du possible, le chercheur peut cependant être plus tenté par une réalisation personnelle : il n'y a rien d'absurde à proposer un ouvrage entièrement électronique, voire une thèse, dont les exemples, au lieu d'être de frustrants extraits, seraient doublés par une véritable anthologie. Comme il y a eu la révolution du

Personal Computer, il pourrait y avoir celle du *Personal Compact Disc*, gravé à la maison ou à l'Université, dont la forme serait effectivement compacte avec un contenu qui ne le serait plus. Cauchemar, peut-être, des futurs membres des jurys ou des comités de lecture...

Marie-Luce DEMONET
(Université Blaise-Pascal, Clermont-Ferrand)

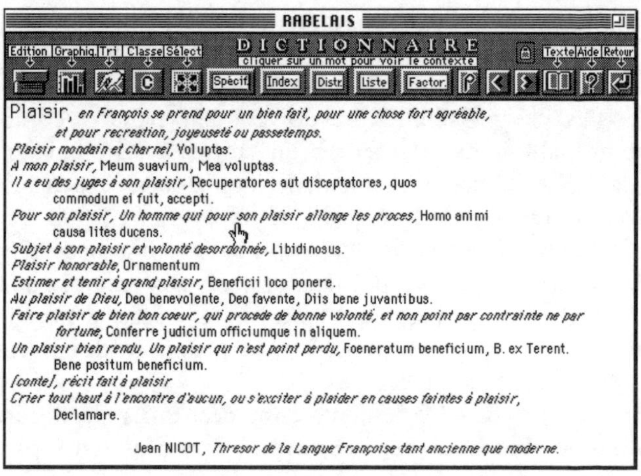

Fig. 1 et 2. — Liaison hypertextuelle avec le *Thresor* de Nicot (1606), obtenue à partir du mot « plaisir » en gras dans le texte

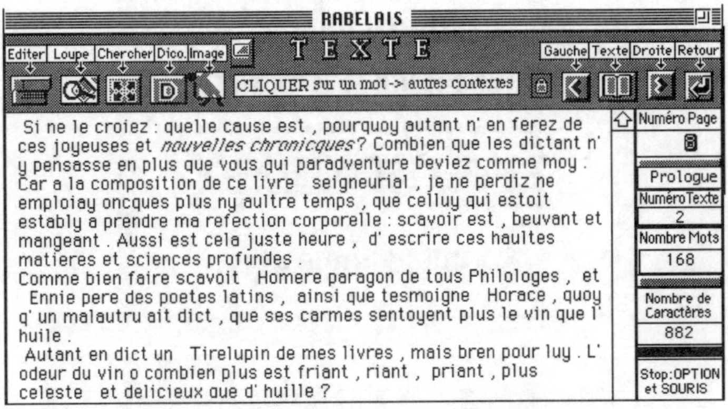
RABELAIS
Editer Loupe Chercher Dico. Image
TEXTE
Gauche Texte Droite Retour
CLIQUER sur un mot -> autres contextes
Si ne le croiez : quelle cause est , pourquoy autant n' en ferez de ces joyeuses et nouvelles chronicques? Combien que les dictant n' y pensasse en plus que vous qui paradventure beviez comme moy .
Car a la composition de ce livre seigneurial , je ne perdiz ne emploiay oncques plus ny aultre temps , que celluy qui estoit estably a prendre ma refection corporelle : scavoir est , beuvant et mangeant . Aussi est cela juste heure , d' escrire ces haultes matieres et sciences profundes .
Comme bien faire scavoit Homere paragon de tous Philologes , et Ennie pere des poetes latins , ainsi que tesmoigne Horace , quoy q' un malautru ait dict , que ses carmes sentoyent plus le vin que l' huile .
Autant en dict un Tirelupin de mes livres , mais bren pour luy . L' odeur du vin o combien plus est friant , riant , priant , plus celeste et delicieux que d' huille ?
Numéro Page
8
Prologue
Numéro Texte
2
Nombre Mots
168
Nombre de Caractères
882
Stop:OPTION et SOURIS

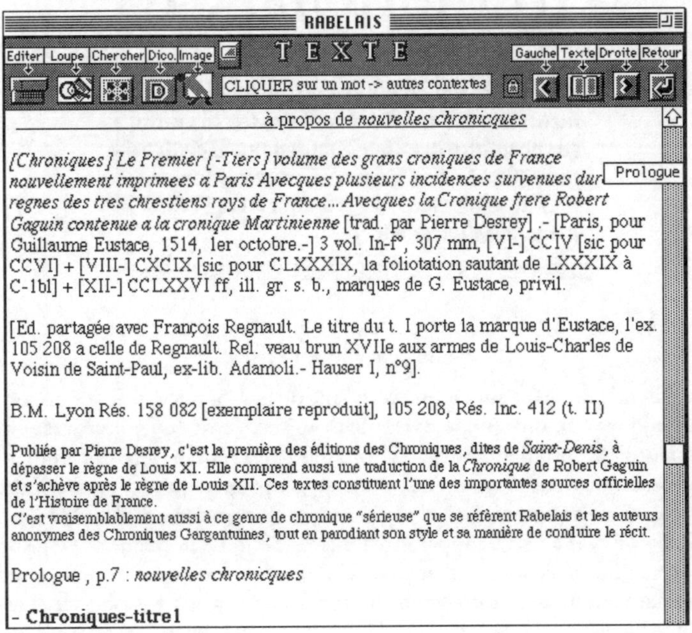
RABELAIS
Editer Loupe Chercher Dico. Image
TEXTE
Gauche Texte Droite Retour
CLIQUER sur un mot -> autres contextes
à propos de nouvelles chronicques
[Chroniques] Le Premier [-Tiers] volume des grans croniques de France nouvellement imprimees a Paris Avecques plusieurs incidences survenues dur regnes des tres chrestiens roys de France... Avecques la Cronique frere Robert Gaguin contenue a la cronique Martinienne [trad. par Pierre Desrey] .- [Paris, pour Guillaume Eustace, 1514, 1er octobre.-] 3 vol. In-f°, 307 mm, [VI-] CCIV [sic pour CCVI] + [VIII-] CXCIX [sic pour CLXXXIX, la foliotation sautant de LXXXIX à C-1bl] + [XII-] CCLXXVI ff, ill. gr. s. b., marques de G. Eustace, privil.
Prologue
[Ed. partagée avec François Regnault. Le titre du t. I porte la marque d'Eustace, l'ex. 105 208 a celle de Regnault. Rel. veau brun XVIIe aux armes de Louis-Charles de Voisin de Saint-Paul, ex-lib. Adamoli.- Hauser I, n°9].
B.M. Lyon Rés. 158 082 [exemplaire reproduit], 105 208, Rés. Inc. 412 (t. II)
Publiée par Pierre Desrey, c'est la première des éditions des Chroniques, dites de Saint-Denis, à dépasser le règne de Louis XI. Elle comprend aussi une traduction de la Chronique de Robert Gaguin et s'achève après le règne de Louis XII. Ces textes constituent l'une des importantes sources officielles de l'Histoire de France.
C'est vraisemblablement aussi à ce genre de chronique "sérieuse" que se réfèrent Rabelais et les auteurs anonymes des Chroniques Gargantuines, tout en parodiant son style et sa manière de conduire le récit.
Prologue , p.7 : nouvelles chronicques
- Chroniques-titre1

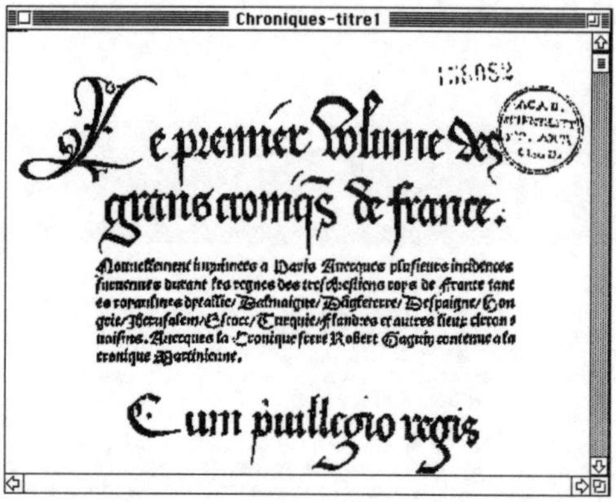

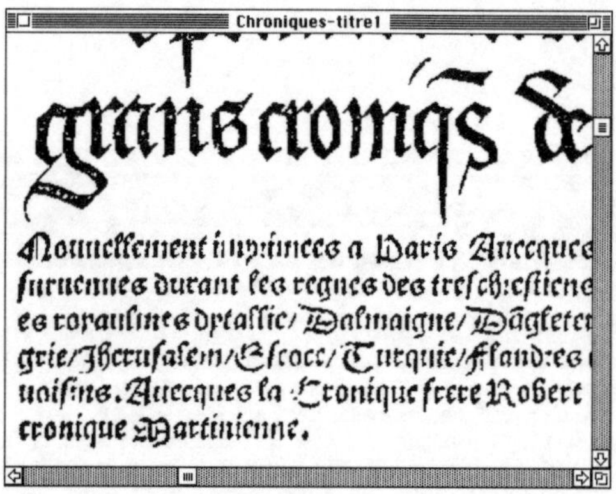

Fig. 3 à 6. — Lien hypertextuel entre un texte, une fiche et une image numérisée

En cliquant soit sur l'icône en forme de personnage, soit sur un mot en italiques (3), on rend active la liaison avec le document correspondant, dont le commentaire est d'abord montré à l'écran (4). Ces commentaires comportent toujours une zone en corps gras qu'on doit atteindre parfois par l'ascenseur et qui regroupe les illustrations disponibles. Un clic sur l'une d'elles fait apparaître l'image (5), qui elle-même obéit à son tour au clic de la souris, soit pour changer le format (6) et provoquer alternativement agrandissement ou réduction (un format plus large est même disponible, si l'on sollicite la touche COMMANDE), soit pour dissiper l'image, si l'on presse la case de fermeture, en haut à gauche.

Hypertexte et édition génétique : l'exemple d'*Hérodias* de Flaubert

Comment peut-on éditer les dossiers génétiques ? L'édition critique classique nous a habitués à une procédure d'« établissement du texte » qui, par une sorte de téléologie « naturelle », implique la référence à un « texte maître » auquel l'éditeur subordonne l'ensemble des données textuelles. Depuis quelques années, ce modèle éditorial inspiré de la philologie triomphante du XIXe siècle est contesté dans ses domaines d'application les plus canoniques, qu'il s'agisse des textes de l'Antiquité ou de ceux du Moyen Age. Plutôt que de chercher à retrouver le « meilleur texte » à travers un taillis de variantes plus ou moins fautives, un nombre croissant d'éditeurs insistent sur l'originalité des voix singulières dont les manuscrits nous ont conservé la trace et remplacent la « critique des fautes » par l' « éloge de la variante »[1]. Et pour restituer cette « mouvance » de la littérature médiévale, on voit apparaître des dispositifs « multitextes »[2] qui battent en brèche l'*imperium* du modèle textuel hérité du XIXe siècle.

C'est en fait toute la conception classique de l'*énonciation des textes* qui est ainsi bousculée par la « nouvelle philologie ». Dans

1. Cf. notamment B. Cerquiglini, *Éloge de la variante,* Paris, Éd. du Seuil, 1989, et le numéro spécial de la revue *Speculum* édité par S. G. Nichols et consacré à la « nouvelle philologie » (S. G. Nichols (ed.), *Speculum,* n° 65, 1990, « The New Philology »).

2. Cf. G. Nagy, « Le rossignol d'Homère et la poétique de la mouvance dans l'art d'un troubadour », *L'Inactuel,* n° 4, 1995, p. 37-63.

le modèle philologique classique, parvenu à sa maturité définitive en même temps que l'idéologie romantique de l'inspiration, le versant de la production était occulté au nom de la génialité inconnaissable du créateur, censé produire un texte comme Moïse a écrit les Tables de la Loi sous la dictée divine. Et le versant de la réception était condamné à l'inexorable érosion des énonciations fautives et des recopiages maladroits. Au contraire, la nouvelle approche des textes restitue aux voix et aux mains la plénitude d'une créativité à part entière.

Dans un tout autre domaine, d'une manière d'abord parcellaire et hésitante, puis de plus en plus assurée et irrésistible, la critique littéraire a découvert la spécificité irréductible des documents qui portent témoignage du processus créateur lui-même et qui montrent que tout texte a un *avant* où la fixité, l'unicité, l'univocité sont battues en brèche par le foisonnement d'une énonciation qui se cherche. En mettant les brouillons au cœur de son activité critique, la génétique textuelle apporte une contribution déterminante au rééquilibrage global des rapports qui unissent la textualité et ceux qui la font et la consomment.

Malheureusement, le livre imprimé se prête fort mal à la reproduction de ce nouvel univers textuel. Sous la forme moderne qui nous est familière depuis le XIXe siècle, il est fait pour donner à lire un texte qui comporte un début et une fin et qui présente des qualités canoniques d'unicité, de cohérence, de cohésion et d'achèvement. Dans ce cadre contraignant, l'éditeur ne dispose que d'un nombre très réduit de possibilités. Il peut, comme dans une édition philologique traditionnelle, accrocher au texte un appareil de *variantes* qui lui sera subordonné dans un ensemble de notes. Il peut aussi, comme dans l'édition synoptique des Évangiles, présenter sous forme tabulaire un nombre réduit de textes apparentés entre eux. Mais comment représenter plusieurs états d'un même lieu textuel entre lesquels le scripteur n'a pas choisi ? Où placer un fragment conçu comme une addition sur épreuves, mais refusé par l'imprimeur et réemployé quelques pages plus loin après remaniement ? Comment donner à voir sans les trahir les quinze états successifs de l'*incipit* d'*Hérodias* ?

Il est clair que, pas plus que les outils conceptuels de l'ancienne philologie ne permettent de construire une représentation abstraite des processus de production, les dispositifs techniques du livre imprimé ne se prêtent à la présentation visuelle de l'ensemble d'un dossier génétique. Même en laissant de côté la position « extrémiste » qui aplatit le foisonnement des brouillons en l'incorporant dans le déroulement univoque et unidimensionnel du texte par une linéarisation de l'ensemble des opérations d'écriture, aucune des procédures imaginées pour donner à voir la genèse sous forme de livre imprimé n'est satisfaisante[1]. Le choix de reproduire les manuscrits eux-mêmes en fac-similé, fût-ce avec l'accompagnement d'une transcription diplomatique, n'est qu'un pis-aller ou un aveu d'impuissance s'il n'est pas enrichi par d'autres procédures de visualisation.

Les développements récents des technologies de l'information, en particulier dans le domaine du « livre électronique » ou de l' « hypermédia », permettent d'apporter des solutions à cette aporie longtemps irréductible.

Pendant longtemps, l'apport – fondamental – de l'informatique aux études textuelles a reposé surtout sur les capacités de classement, de tri et de calcul des ordinateurs. Ceux-ci ont permis d'effectuer d'une manière systématique et exhaustive des opérations restées jusque-là exceptionnelles en raison de leur lourdeur. Appliquée aux données textuelles, l'informatique a mis à la disposition des chercheurs des index et des concordances, qui ont permis un balayage systématique du contenu d'un texte à travers la forme de ses constituants graphématiques minimaux. Au cours des années 60 et 70 ont été ainsi constitués de manière systématique des corpus de grandes œuvres littéraires ; la base Frantext, développée à l'origine en vue de la réalisation du *Trésor de la langue française*, constitue un exemple

1. Cf. par exemple A. Grésillon, *Éléments de critique génétique. Lire les manuscrits modernes,* Paris, PUF, 1994, chap. V, pour une synthèse récente des déceptions que procurent les tentatives existantes d' « éditions génétiques ».

remarquable de ce type de travail et des instruments d'investigation que l'informatique apporte aux chercheurs[1].

A la même époque où sont conçues ces premières applications de l'informatique à la littérature, des informaticiens visionnaires inventent des métaphores qui préparent la révolution des années 80 et annoncent de nouvelles relations entre les machines et leurs utilisateurs : la souris, le fenêtrage, les menus, mais aussi l'hypertexte. Ces métaphores sont devenues réalité au fur et à mesure que les progrès dans les machines elles-mêmes (mémoires de traitement et de stockage, périphériques de visualisation, techniques de transmission à distance) en ont permis la mise en œuvre concrète dans les interfaces qui nous sont familières.

Qu'est-ce qu'un hypertexte ? D'après la définition la plus classique, c'est « un système permettant de gérer une collection d'informations auxquelles on peut accéder de manière non séquentielle. Il est constitué d'un réseau de nœuds et de liens logiques entre ces nœuds »[2]. Plus récemment, on a proposé de concevoir l'hypertexte comme « une entité composite [...] composée d'un ensemble de *documents* et d'une seconde entité qui, en termes informatiques, est appelée *connaissance*, les deux étant fortement connectées par un mécanisme dit d'*ancrage* »[3]. Les documents, nœuds ou entités sont de natures très diverses : textes entiers ou fragments de textes, images numérisées, sons. Leur granularité est éminemment variable, ce qui permet d'appréhender chaque document soit comme un « grain d'information » élémentaire qui se combine avec d'autres entités pour constituer

1. Cf. P.-M. de Biasi, « La recherche plein texte. L'utilisation du CD-ROM de base de données textuelles DISCOTEXT 1 », *Littérature,* n° 96, déc. 1994, p. 73-90.

2. D. Lucarella, « A model for hypertext-based information retrieval », N. Streitz, A. Rizk et J. André (eds), *Hypertext : concepts, systems and applications,* Cambridge, Cambridge University Press, 1990, p. 81. Cité d'après J.-L. Lebrave, « Hypertextes - Mémoires - Écriture », *Genesis*, n° 5, 1994, p. 9.

3. M. Nanard, « L'apport des travaux de recherche dans les hypertextes aux techniques éducatives », in *Actes du séminaire « Hypermédias, éducation et formation 1994 »,* E. Bruillard, B. de la Passardière, G.-L. Baron (eds), Paris, 1995, p. 9.

un ensemble d'ordre supérieur, soit comme le résultat de la composition de grains plus petits. Appliqué à des documents écrits, l'hypertexte constitue un « écrit non séquentiel »[1], non strictement hiérarchique et dont les composants possèdent une forte *connectivité.*

A l'époque des pionniers, une bibliothèque d'œuvres stockées sur des bandes magnétiques dans un format lisible par un ordinateur (*machine readable*, soit à l'époque sous forme de cartes perforées) et couplées à des listings d'index et de concordances constituait déjà un hypertexte virtuel : un index n'est en effet rien d'autre qu'un ensemble d'entrées qui pointent sur une référence à l'occurrence correspondante du mot dans le livre physique qui a servi pour la saisie. C'est donc un générateur de liens potentiels. De plus, index et concordances mettent en œuvre un « espace textuel » qui échappe à la stricte séquentialité et linéarité du texte : le regroupement de toutes les occurrences d'un mot dans un même texte crée des liens transversaux à l'intérieur du texte. La même opération peut être étendue à une pluralité de textes différents. La consultation d'une concordance permet donc d'effectuer dans le texte des parcours nouveaux, régis non plus par la simple succession syntagmatique des mots, mais, par exemple, par la comparaison des contextes dans lesquels ces mots apparaissent. Un tel hypertexte reste toutefois purement abstrait aussi longtemps qu'il n'existe que sous forme virtuelle, car il ne fait pas partie des données informatiques elles-mêmes, qui sont seulement réagencées mécaniquement par le programme qui réalise l'index ou la concordance. Surtout, il n'existe que dans les procédures de consultation intelligente construites par l'utilisateur lui-même.

Au contraire, à partir du moment où les interfaces permettent à la fois de matérialiser l'existence des liens *à l'intérieur du texte lui-même* et de les activer d'une manière commode, l'hypertexte prend corps et devient une partie essentielle de l'environnement de travail du chercheur. Du simple outil mécanique de

1. J.-L. Lebrave, *op. cit.,* p. 11.

tri et de classement, on est passé à un instrument permettant de *représenter* des opérations intelligentes et d'inventer de nouveaux modes d'*accès* aux données textuelles, autrement dit de nouveaux modes de *lecture*.

J'ai analysé ailleurs l'affinité qui lie l'univers conceptuel de l'hypertexte à celui des processus de création littéraire[1], affinité si profonde qu'on peut décrire les *Pensées* de Pascal ou les livres manuscrits de Stendhal comme des hypertextes de papier. Je voudrais plutôt montrer ici sur un exemple concret comment on peut mettre en œuvre les concepts et les outils hypertextuels pour « décrire, analyser et visualiser l'ensemble que constituent les manuscrits et l'œuvre qui en est généralement issue »[2].

Les documents génétiques conservés pour l'*incipit* d'*Hérodias* de Flaubert conviennent particulièrement bien pour illustrer l'apport des technologies de l'information aux problèmes d'édition. En effet, on dispose non seulement de la quasi-totalité des avant-textes (scénarios, brouillons et réécritures), mais aussi d'un important dossier complémentaire, constitué de lettres contemporaines du travail d'écriture, de carnets, de notes préparatoires prises par Flaubert dans divers ouvrages sur la Palestine. Les matériaux sont donc particulièrement riches et composites, ce qui permet de poser en grandeur nature la plupart des problèmes rencontrés au cours de la réalisation d'une édition critique électronique. L'existence d'éditions des manuscrits[3] et d'études critiques consacrées à la genèse d'*Hérodias*[4] facilite par ailleurs grandement le travail d'édition électronique et permet à la recherche de se concentrer sur la construction de l'hypertexte génétique sans

1. J.-L. Lebrave, *op. cit.*
2. *Ibid.*, p. 24.
3. Notamment l'édition du dossier du premier chapitre par Ph. Willemart (Ph. Willemart, *O Manuscrito em Gustave Flaubert. Transcriçao, classificaçao e interpretaçao do proto-texto do 1.o capitulo do conto « Hérodias »*, Universidade de São Paolo, 1984) et l'édition de l'ensemble du dossier génétique par G. Bonnacorso (G. Bonnacorso (ed.), *Hérodias*, Paris, Les Belles Lettres, 1993-1995).
4. Cf. en particulier A. Grésillon, J.-L. Lebrave, C. Fuchs, « Ruminer Hérodias », *L'écriture et ses doubles* (D. Ferrer et J.-L. Lebrave, eds), CNRS-Éditions, 1991, coll. « Textes et manuscrits », p. 27-109.

devoir résoudre préalablement les questions de déchiffrement, de mise en ordre chronologique, de reconstitution des parcours génétiques, etc.

La maquette présentée ici[1] a été réalisée avec le logiciel *Hypercard*®, qui présente l'avantage d'une grande souplesse d'utilisation pour un non-informaticien et d'une remarquable facilité de mise en œuvre.

Les données sont réparties en 9 grands ensembles qui correspondent aux différents types de documents disponibles : les fac-similés des manuscrits, la transcription des avant-textes proprement dits, celle des notes, celle des carnets, celle de la correspondance, les reproductions des ouvrages utilisés par Flaubert, les informations et commentaires fournis par l'éditeur, un échantillon de reconstitution de la chronologie de la genèse, et enfin la bibliographie. Chacun de ces grains de l'hypertexte est accessible par un menu déroulant appelé « Doss » qui s'insère dans la barre de menus standard d'*Hypercard* (cf. les figures 1 à 8).

Chaque ligne de ce menu correspond à l'un des types décrits sommairement ci-dessus. La « transcription » permet d'accéder à la transcription diplomatique des 15 versions successives attestées pour l'*incipit* d'*Hérodias*. Il en va de même pour les « carnets », la « correspondance » et les « notes ». Les « facsimilés » rassemblent des images numérisées de l'ensemble des feuillets manuscrits du dossier. Les « informations » sont consacrées aux notes, remarques et commentaires de l'éditeur à propos du dossier. Les « ouvrages » contiennent des extraits des ouvrages

1. Les premières recherches explorant l'apport d'une présentation hypertextuelle pour résoudre les problèmes posés par l'édition génétique remontent à 1989 (cf. J.-L. Lebrave, « L'hypertexte et l'avant-texte », *Texte et ordinateur : les mutations du lire-écrire,* Paris, 1991, p. 101-117). Après une interruption de plusieurs années, je les ai reprises à la fin de 1994 avec le soutien du programme *Patrimoine écrit* du CNRS. Parallèlement, d'autres expériences ont été menées sur d'autres corpus (cf. le projet d'édition hypertextuelle actuellement en cours pour *Finnegans Wake* sous l'impulsion de D. Ferrer, et la parution en 1995 d'une présentation hypertextuelle des scénarios de *Madame Bovary* réalisée par D. Ferrer en accompagnement de l'édition des scénarios par Y. Leclerc).

consultés par Flaubert en vue de la rédaction de l'*incipit*, en particulier celui d'A. Parent, celui de l'Anglais Tristram, et l'atlas du duc de Luynes, qui comporte des cartes et des photographies. L'« édition chronologique » est une tentative de reconstitution de la chronologie de la genèse. Enfin, la bibliographie donne sous forme numérisée les travaux critiques les plus importants pour l'étude de l'*incipit*.

La barre de menus comporte un second menu déroulant spécifique intitulé « Rech » qui donne accès à des outils de recherche (fig. 9). Le fonctionnement de ces outils sera décrit plus loin à propos des liens.

Chaque écran contient une fenêtre dans laquelle est affiché le document consulté, par exemple dans le cas de la figure 1, la transcription diplomatique du folio 708 recto, le premier des sept scénarios successifs conçus par Flaubert. Sont indiquées par ailleurs les références du document (ici « 708 ») et sa place dans la chronologie de la genèse (ici « 1 »). Le cas échéant, des boutons permettent de se transporter vers d'autres nœuds hypertextuels, ici les « graphismes » et la « marge », que la trop petite taille de l'écran utilisé interdisait de visualiser en même temps que les données textuelles.

Cet ensemble de documents qui constituent les grains de l'hypertexte est organisé par un certain nombre de *liens* qui permettent d'effectuer des parcours à l'intérieur des données.

En premier lieu, l'hypertexte comporte un chaînage systématique des fac-similés, de leur transcription et des informations éditoriales sur chacun de ces documents grâce aux entrées « transcription », « facsimilés » et « informations » du menu « Doss ». On peut ainsi aller automatiquement du fac-similé du folio 729 verso à sa transcription ; si l'on effectue à partir de là divers parcours aboutissant à la transcription d'un autre feuillet, la sélection de « facsimilés » fera revenir au fac-similé correspondant à la transcription présente sur l'écran.

En second lieu, la forte connectivité des grains de l'hypertexte est exploitée par des procédures de recherche qui activent les liens sémantiques entre documents différents. C'est la fonction du menu déroulant « Rech ». Si le lecteur souhaite chercher des mots graphiques dans l'ensemble des données, le choix de « mots » dans le menu « Rech » fait apparaître un sous-menu (fig. 10) grâce auquel le lecteur pourra soit cliquer sur un mot du texte présent sur l'écran (fig. 11), soit consulter un index des formes attestées dans le corpus (fig. 12). S'il choisit l'option « expressions » du menu, une fenêtre de dialogue lui permet de taper l'expression choisie (fig. 13). L'une quelconque de ces opérations fait apparaître la liste des types de documents disponibles (fig. 11), liste à l'intérieur de laquelle le lecteur doit sélectionner le nœud hypertextuel qu'il souhaite atteindre. Ce moteur de recherche, encore élémentaire, permet néanmoins au chercheur d'effectuer des parcours génétiques pertinents à travers l'intertextualité des documents, et de démêler par exemple l'enchevêtrement des réécritures successives en suivant le cheminement de l'expression « quatre vallées profondes » depuis l'ouvrage d'A. Parent jusqu'au texte définitif à travers la série des notes de lecture et des textualisations successives.

La nécessité de mettre en œuvre un troisième type de liens entre le fac-similé et sa transcription est illustrée sur quelques feuillets. On sait que le manuscrit lui-même contient sur la genèse des informations qu'aucune transcription n'est en mesure de reproduire exhaustivement, de sorte que tout travail d'analyse et d'interprétation génétique doit pouvoir s'appuyer sur la consultation des fac-similés eux-mêmes. Mais étant donné leur complexité, il est évidemment indispensable que le lecteur puisse aller et venir entre les différentes zones du manuscrit et les zones correspondantes de la transcription. Il n'existe pas actuellement d'outils permettant de réaliser commodément ce couplage, qui est pourtant absolument indispensable.

Enfin, l'application des technologies de l'information aux problèmes d'édition critique ouvre la voie à des procédures dynamiques qu'il est difficile, voire impossible, de mettre en œuvre dans le cadre du livre imprimé. En effet, les grains de l'hypertexte peuvent être constitués non seulement de textes et d'images fixes, mais aussi de documents mobiles, où cette fixité est altérée par une évolution dans le temps. Ce potentiel revêt une importance cruciale dans le cas des dossiers génétiques, où la temporalité du processus de production lui-même est visible à travers la pluralité des traces graphiques : la constitution d'hypothèses fiables sur la chronologie des opérations génétiques est l'un des principaux objectifs du généticien.

Pour prendre un exemple extrêmement simple, la transformation du fragment textuel « Machaerous » en « La citadelle de Machaerous » est beaucoup plus parlante sous la forme d'une addition interlinéaire apparaissant progressivement sur l'écran au-dessus de « Machaerous » que sous les formes habituelles, dans lesquelles la dimension temporelle et son expression spatiale originale sont réinterprétées en fonction de la sémiotique plus pauvre de l'imprimé[1].

Il serait sans doute irréaliste de vouloir dynamiser de cette manière la totalité d'un dossier génétique. En revanche, la simulation dynamique du processus d'écriture constitue une manière très parlante de tester la vraisemblance d'une hypothèse échafaudée sur un fragment de manuscrit, de même qu'elle fournit un outil « pédagogique » efficace pour montrer comment l'enchevêtrement des traces se met en place au cours des réécritures successives. Soulignons que cette simulation produit des effets de réel plus forts que ne le fait l'imprimé : la genèse supposée acquiert l'évidence d'une présence qui ne doit pas faire oublier toutefois qu'elle n'est qu'une construction possible parmi d'autres constructions compatibles avec la structure des traces graphiques.

En simulant ainsi le noircissement progressif de la page par les réécritures, on réalise d'une certaine manière le vieux rêve des généticiens que hante toujours plus ou moins le regret de ne pouvoir observer le scripteur pendant son travail même. Peut-être rejoint-on aussi un thème plus cinématographique que litté-

1. Toutes les conventions ont été proposées, depuis l'intégration des additions à l'enchaînement linéaire du texte de base (sous la forme par exemple de « <*La citadelle de*> Machaerous ») jusqu'à la recomposition typographique des structures topographiques du manuscrit par un système de conventions forcément complexe (cf. par exemple G. Bonnacorso, *op. cit., passim.*).

raire[1]. Ce déplacement des frontières entre l'écrit et l'image animée n'est pourtant ni fortuit ni accidentel : il est sûr que les « livres électroniques » en train de naître sous nos yeux impliqueront des « metteurs en scène » autant que des auteurs, et que les équipes qui les réaliseront seront plus proches du monde de l'audiovisuel que de celui de l'imprimerie.

Jean-Louis LEBRAVE
(ITEM-CNRS, Paris)

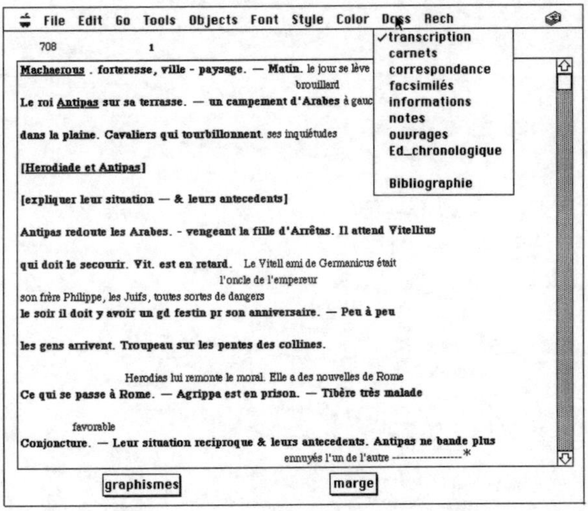

Fig. 1. — *Un exemple d'écran.* La transcription diplomatique du f° 708 est affichée dans la fenêtre principale. Le premier jet est en gras, les additions et réécritures postérieures sont en maigre. L'utilisateur a cliqué sur « Doss » dans la barre de menus, faisant ainsi apparaître la liste des documents disponibles. En bas, deux boutons (« graphismes » et « marge ») donnent accès à des parties de la transcription que la taille trop réduite de l'écran ne permet pas d'afficher simultanément.

1. Qu'on songe par exemple au stéréotype de l'écrivain filmé devant sa machine à écrire et dont l'activité créatrice est figurée par le geste répétitif de la page arrachée à la machine, froissée en boule et jetée dans la corbeille. Dans un style moins conventionnel, il existe quelques films donnant à voir l'irruption de l'écriture sur la page blanche.

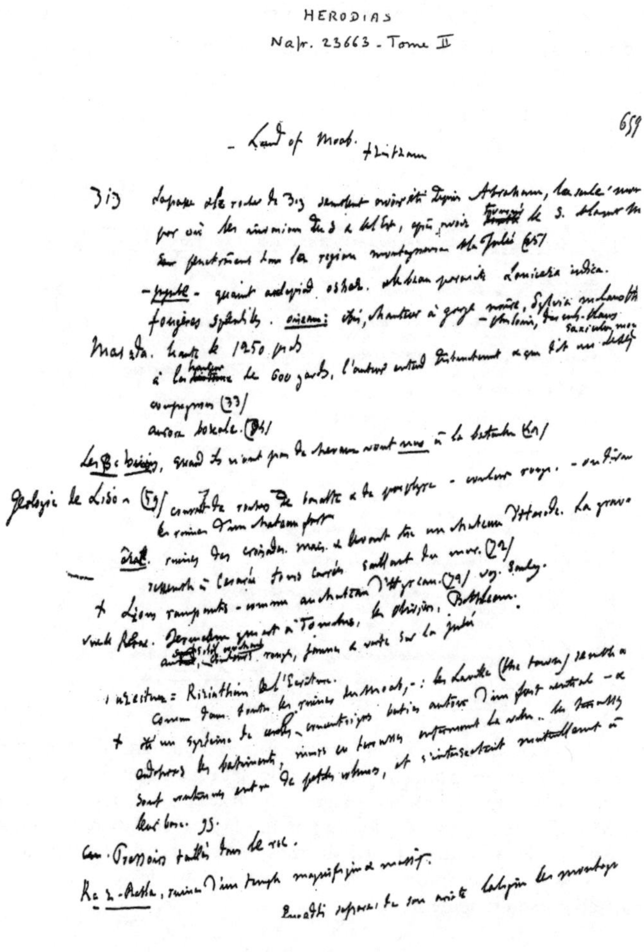

Fig. 2. — Reproduction de l'image numérisée d'un fac-similé de manuscrit.
La qualité de l'image reproduit celle de l'affichage à l'écran

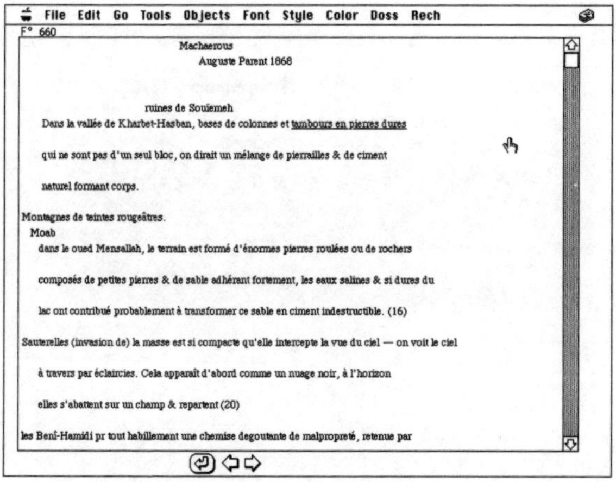

Fig. 3. — Transcription diplomatique d'un feuillet de notes prises par Flaubert

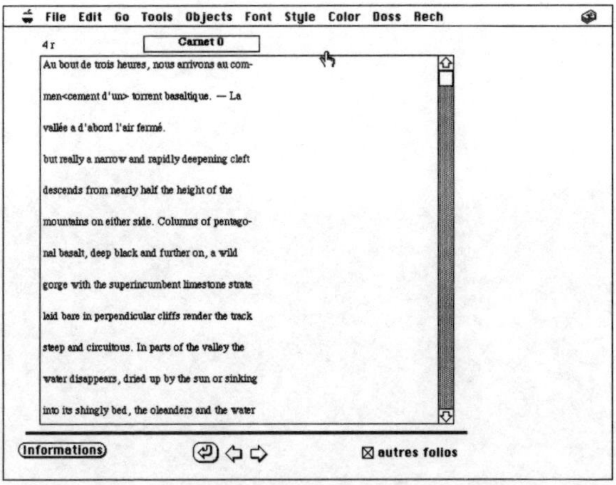

Fig. 4. — Transcription diplomatique d'une page du « Carnet 0 » dans lequel Flaubert a traduit, puis recopié un passage de l'ouvrage de Tristram sur la Palestine

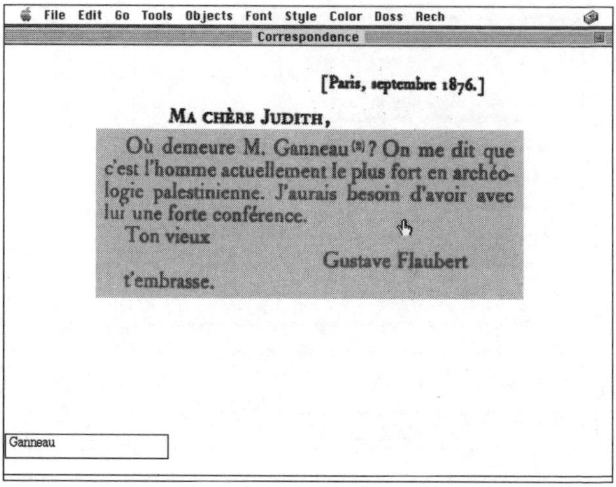

Fig. 5. — Image numérisée d'une lettre
dans laquelle Flaubert demande l'adresse d'un orientaliste

Fig. 6. — Reproduction d'une photographie du site de Machaerous
extraite de l'atlas du duc de Luynes

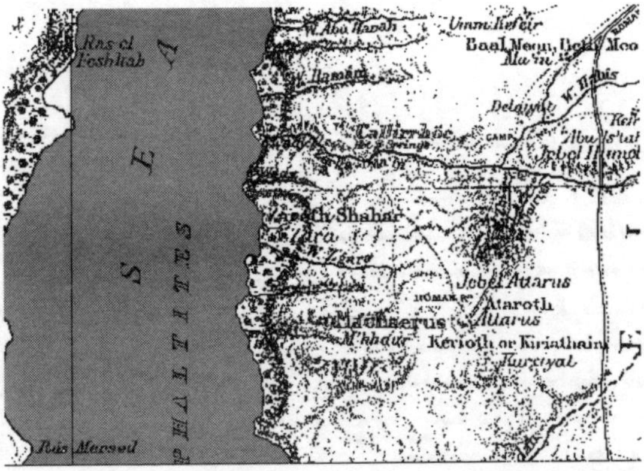

Fig. 7. — Extrait de la carte de la Palestine figurant dans l'ouvrage de Tristram

1. MISE EN PLACE DES CONTRAINTES DE L'ÉCRITURE SUR LES FOLIOS BLANCS

folio nº 708 I

[Plan]

Machaerous – forteresse, – ville – paysage – Matin.
Le jour se lève brouillard
Le roi Antipas sur sa terrasse – un campement d'Arabes à gauche dans la plaine.
Cavaliers qui tourbillonnent. ses inquiétudes.
[Herodiade & Antipas]
[expliquer leur situation – & leurs antécédents]
Antipas redoute les Arabes – vengeant la fille d'Arrêtas.
Il attend Vitellius qui doit le secourir.
Vit. est en retard. [Le Vitell ami de Germanicus etait l'oncle de l'empereur] < son frère Philippe, Les Juifs; toutes sortes de dangers >
le soir, il doit y avoir un gd festin pr son anniversaire X
Peu à peu les gens arrivent.
< [H. & Ant doivent surmonter leurs inquiétudes] >
Troupeau sur les pentes des collines

X
Antipas y a invité les gds de sa cour les [princ] gds officiers de son armée & les principaux de la Galilée

Un essenien se presente il se recule voyant Herodias

[Ce qui se passe à Rome] < Herodias lui remonte le moral. Elle a des nouvelles de Rome > – Agrippa est en prison – Tibère très malade Conjonctures < favorables > – Leur situation reciproque & leurs antécédents – Antipas ne bande plus < ennuyé l'un de l'autre X >
φ Les yeux d'Antipas remarquent sur une des terrasses de la ville une jeune fille – qu'il ne connait pas < sous un parasol à pompom >
Elle ne fait qu'apparaître:

Comme la gde Marianne, H se moque des Herode sa famille sacerdotale & royale]

Herodias lui dit qu'elle lui prepare une surprise < ou paraît n'y pas attacher d'importance. N >

Fig. 8. — Image numérisée de l'édition du premier chapitre d'*Hérodias* publiée par Ph. Willemart (Ph. Willemart, *O Manuscrito em Gustave Flaubert. Transcriçao, classificaçao e interpretaçao do proto-texto do 1.o capitulo do conto « Hérodias »,* Universidade de São Paolo, 1984).

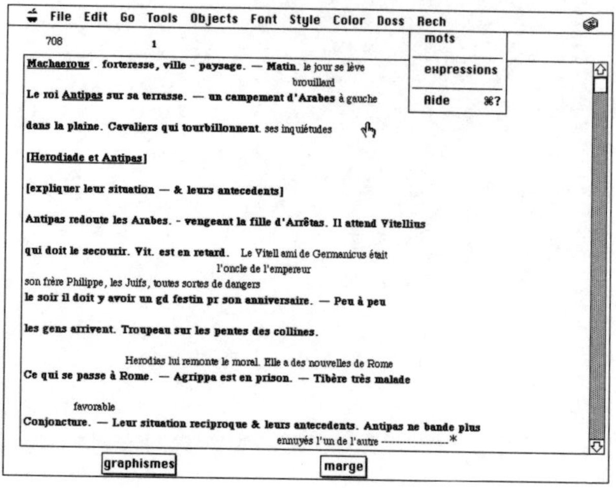

Fig. 9. — L'utilisateur a cliqué sur « Rech » dans la barre de menus.

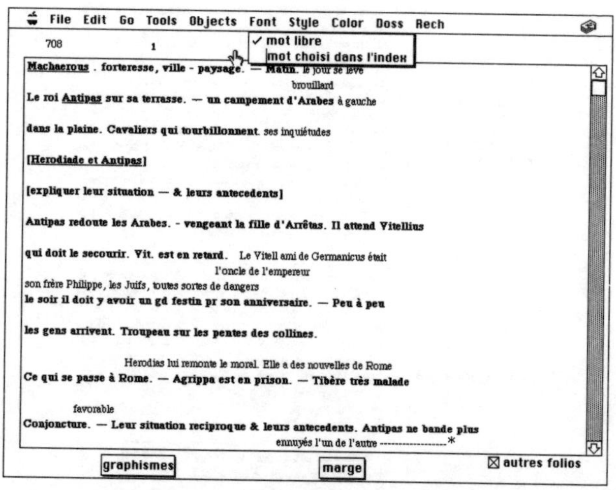

Fig. 10. — Parcours de recherche
à partir d'un mot choisi dans le texte

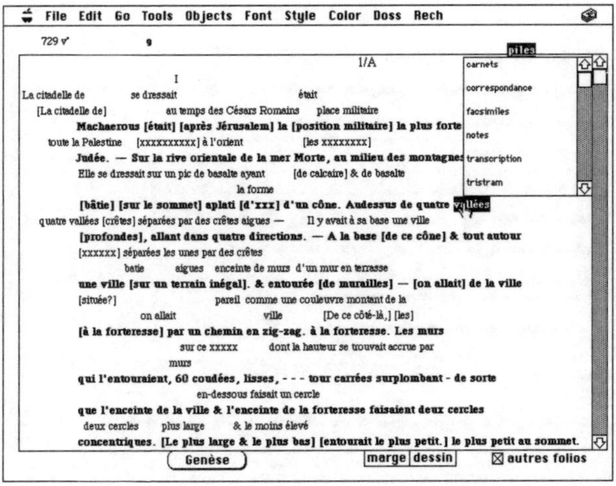

Fig. 11. — Parcours de recherche
à partir d'un mot choisi dans le texte

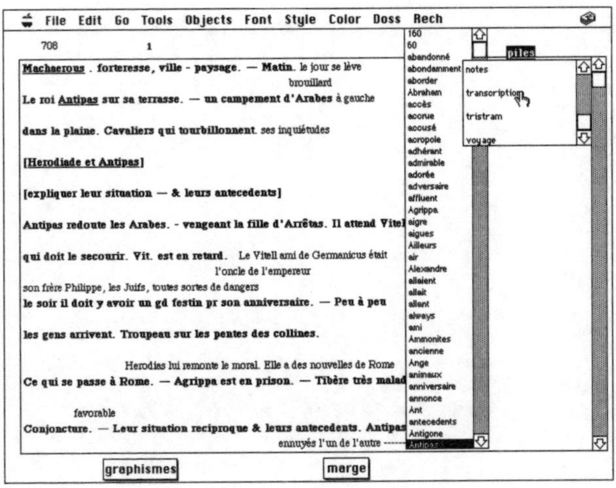

Fig. 12. — Parcours de recherche : choix d'un mot dans l'index
des formes attestées

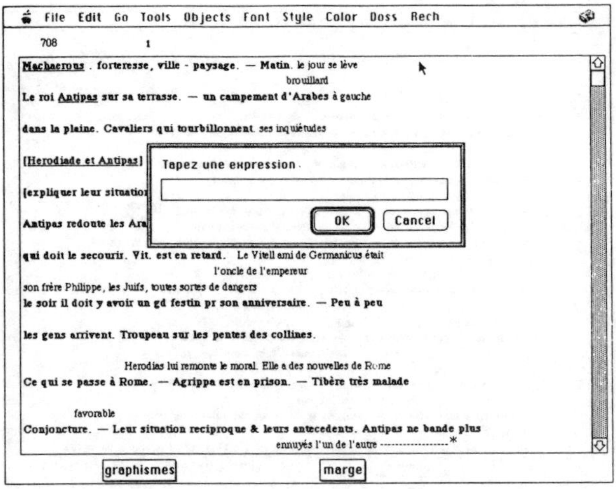

Fig. 13. — Parcours de recherche : recherche d'une expression

Alice au pays des hypertextes. Modèle pour un hypertexte de recherche

Retour sur le concept d'informatisation: quoi, comment, pourquoi ?

A observer l'actuel panorama de l'édition électronique et les objectifs que celle-ci ne parvient pas à atteindre – en raison de la faible qualité de l'offre et de la faible pénétration dans le marché de la recherche et de la formation –, il apparaît nécessaire de reconsidérer d'un point de vue critique le sens de l'opération d'« informatisation ». Désormais très commune, elle n'en demeure pas moins ambiguë, autant par ses méthodes que par ses fonctionnalités. En particulier, je souhaiterais ici examiner le sens que cette opération prend dans le champ littéraire, afin d'envisager les rapports qui se sont établis, ou ceux que l'on pourrait imaginer, entre production littéraire et production électronique hypermédia.

Au préalable, il faut formuler une distinction qui permette de limiter les équivoques à propos des rapports entre édition électronique, littérature et hypertextes. On distinguera donc :

– les instruments d'étude, que nous appellerons des « systèmes cognitifs », de forme hypermédia, conçus pour aider à l'analyse des œuvres littéraires, artistiques et scientifiques (œuvres qui elles-mêmes n'ont pas nécessairement été conçues sous cette forme) ;

– les œuvres littéraires, artistiques et scientifiques, conçues sous une forme hypermédia, pensées pour une lecture « non linéaire » (mais pas nécessairement objets de l'analyse des systèmes cognitifs).

Cette distinction correspond à peu près à l'état actuel de la production électronique, avec d'un côté la prolifération de récits électroniques non linéaires composés par des écrivains à mi-chemin entre l'informatique et la littérature, et, dans le domaine de la critique et des essais, des réalisations de versions électroniques annotées – *expanded* en anglais – de textes classiques de la littérature, d'encyclopédies et d'histoires littéraires, ou encore de catalogues de musées et d'expositions. Ce second type de produits s'accompagne en général d'outils électroniques sommaires (équivalents à la fonction « Rechercher » des plus courants parmi les logiciels de traitemènt de texte) qui permettent de « retrouver » des mots, de repérer des occurrences et d'établir des concordances. On y intègre des informations contextuelles, un appareil critique, des illustrations ou des animations, prétendant ainsi légitimer l'opération de « réédition en version électronique ».

Toutefois, ces deux orientations paraissent stériles : la première parce que l'« écriture non linéaire » exige une capacité conceptuelle et un ensemble de compétences dont, dans la plupart des cas, l'enthousiasme pour la technologie semble tenir lieu, et qu'apparemment, un Italo Calvino de la génération électronique et de la culture digitale n'a pas encore vu le jour. Quant à la seconde, elle se révèle sans issue, parce que fondée sur des opérations d'assemblage textuel qui restent encore bien éloignées de la « réticularité encyclopédique » – au sens de « réseau ouvert de connaissances » – qu'on est en droit d'attendre de l'édition électronique. Souvent les éditeurs se contentent de recycler des fonds de magasin nécessairement lacunaires et inappropriés pour cette opération. Les produits qui en résultent n'offrent qu'un avantage technique : autoriser le repérage des informations.

Cette première génération d'hypertexte se contente de regrouper un ensemble d'œuvres en « packs » multimédia, sur un support unique, comme si c'était au support électronique à assurer la cohérence de ses données textuelles, visuelles et sonores. Au contraire, dans un véritable hypertexte, les liens entre les textes, les images, les sons, les films doivent reposer sur une intégration réfléchie de ces moyens expressifs différents, et sur une indépendance face aux supports en général, aussi bien face au support d'origine (papier, cassettes vidéo, etc.) que face au support informatique (magnétique ou optique) sur lequel sont déposées ou transitent les informations. En fait l'utilisateur d'une « toile hypermédia » ne devra pas charger sur son disque dur les données des archives auxquelles il se connectera. La toile ne contiendra que les adresses des données, qu'elles se trouvent sur un disque externe ou sur le réseau. Sur son ordinateur personnel, il n'aura que le « système cognitif » de la toile. Autre défaut des premières réalisations de l'édition électronique, les types de liens qui sont proposés à l'utilisateur sont d'une grande pauvreté : ce sont les plus évidents – et donc les moins informatifs –, ceux que l'on peut déduire naturellement des indications explicites des textes digitalisés. Par exemple, le texte évoque un tableau et le lien électronique renvoie à l'image de ce tableau. Voilà à quoi se limite le terme pompeux d'« hypermédialité ». Ces hypertextes n'autorisent que des recherches superficielles, externes à la structure des textes, et de surcroît trop dépendantes de l'idée de banque de données puisqu'il s'agit de chercher des informations de nature purement statistique.

A l'idée d'informatisation comme création d'une banque de données à interroger *(information retrieval)*, je souhaiterais substituer le concept de « système réticulaire hypermédia », qui n'est pas seulement destiné à fournir des réponses à des questions – j'entre dans la banque de données, je cherche certaines informations et puis je sors – mais plutôt à multiplier les questions en suscitant de nouvelles interrogations, et en amenant ainsi l'utilisateur à poursuivre la recherche dans de nouvelles directions qui développent celle où il s'est engagé.

Sur ce point, l'intuition d'Umberto Eco qui, dans l'édition électronique, ne voit une spécificité et une utilité que dans la fonction de « consultation » de textes créés à cette fin – encyclopédies, dictionnaires, annuaires... – semble peu féconde. Il est vrai que ces textes sont fortement structurés par nature. Ces archives de données que tout le monde a sous la main, qui sont déjà pensées pour une lecture non linéaire, trouvent en tant que telles une place idéale dans l'édition électronique. Elles s'y révèlent évidemment bien plus efficaces sur ce nouveau support, et leur mise à jour devient beaucoup plus aisée. Mais Umberto Eco se fait le porte-parole d'une idée assez répandue – et assurément non démentie par l'actualité de la production électronique – selon laquelle l'édition électronique ne peut offrir d'avantages que quantitatifs, ou d'économie d'espace ou de temps dans la conservation et dans la consultation des œuvres. De cette façon, au lieu d'encyclopédies sur les étagères, on dispose d'étagères électroniques sur un CD-ROM. Est-ce là vraiment tout ce qu'on peut espérer de l'édition électronique ?

Les textes réticulaires préélectroniques

Même si les exemples de récits non linéaires écrits et publiés sous forme électronique dont nous disposons actuellement ne sont pas encore très représentatifs, il suffit de considérer ces œuvres que par commodité j'appellerai « préélectroniques » – parce que non linéaires bien qu'éditées en version papier, et parce que pouvant être structurées et éditées sous forme électronique – pour comprendre que l'opposition entre œuvres « à lire » et œuvres « à consulter », proposée par Eco pour différencier éditions papier et électronique, se révèle inadéquate et restrictive. Je crois cependant que Eco se rend bien compte que certaines œuvres littéraires se trouvent « à l'étroit » dans des éditions papier linéaires et qu'elles bénéficieraient probablement d'une réédition, même postérieure à leur création, sous une forme électronique. Je pense en particulier à des œuvres comme

Le château des destins croisés d'Italo Calvino, les *Exercices de style* de Raymond Queneau ou *La vie mode d'emploi* de Georges Perec, et je pense également à toutes ces œuvres que Calvino lui-même – en les qualifiant de « textes multiples » ou, avec une intuition prophétique, d'« hyper-romans » – réunit dans le chapitre de ses *Leçons américaines* consacré à la « Multiplicité ». Je ne crois pas que Calvino refuserait aujourd'hui l'aide, non seulement dans la phase de conception mais aussi dans la phase éditoriale, des potentialités d'instruments hypertextuels. Et je ne crois pas qu'il prétendrait que l'édition électronique n'est utilisable avec profit que pour digitaliser les Pages jaunes et les éditer en banque de données.

L'édition électronique accomplirait un pas en avant si elle commençait par récupérer et valoriser l'héritage de ces textes que j'ai appelés plus haut « préélectroniques » du fait de leur non-linéarité intrinsèque, qui sur le support papier ne parviennent pas à déployer la complexité de leur forme, produisant des anomalies apparentes de construction (digressions, parenthèses, renvois...).

Un tel discours vaut encore davantage pour les manuels, les essais, les œuvres de critique qui non seulement sont structurés de manière réticulaire et encyclopédique, mais qui en plus, au moyen de telles structures, créent un réseau de relations intertextuelles avec d'autres textes auxquels ils se réfèrent explicitement ; des œuvres qui déjà se présentent comme des textes modulaires, décentrés, prêts à être associés à d'autres textes qu'ils évoquent.

Parmi ces œuvres, prenons par exemple les *Leçons américaines* de Calvino déjà évoquées ou bien celles d'Umberto Eco[1], pour rester en compagnie de ces deux auteurs. Ces œuvres peuvent être considérées comme des « systèmes cognitifs de forme réticulaire » en puissance, non seulement parce qu'elles se complètent mutuellement, mais aussi et surtout parce qu'elles tissent et

1. *Sei passeggiate nei boschi narrativi. Harvard University, Norton Lectures 1992-1993,* Milano, Bompiani, 1994, sont parues en France sous le titre de *Six promenades dans les bois de la narration,* Paris, Grasset, 1996 (note de la traductrice).

révèlent une structure de relations intertextuelles indirectes entre les exemples que Calvino et Eco examinent pour traiter des mécanismes d'écriture et de lecture. Quiconque lit ces deux petits volumes est amené à passer avec plaisir d'un texte à l'autre dans un jeu de références croisées pour explorer ce gigantesque univers de textes auquel les deux auteurs se réfèrent : ces deux petits instruments de relecture tissent des relations indirectes entre des dizaines d'autres livres, potentiels objets (romans et contes) ou instruments (essais critiques) d'étude, à découvrir ou à redécouvrir « en se promenant dans les bois de la narration » pour reprendre la métaphore d'Eco. Ils deviennent ainsi de précieuses « boussoles » pour naviguer sur l'océan de l'art littéraire et de ses mécanismes narratifs. Publiés sous forme électronique et reliés aux œuvres qu'ils citent, ces deux volumes convoqueraient et mettraient en valeur toute une tradition littéraire bien plus efficacement que ne le font leurs équivalents imprimés. De surcroît, on pourrait dire que ces deux écrits constituent un exemple préélectronique de ce que pourrait être, mais n'est pas encore – malgré Internet – le grandiose projet « Xanadu » de Theodor Nelson. Qui ne connaît pas ou n'a pas à sa disposition *Sylvie* de Nerval dont parle Eco dans ses *Norton Lectures*, ou *Bouvard et Pécuchet* de Flaubert dont parle Calvino dans ses *Leçons*, ne peut se contenter d'une petite citation d'anthologie. Il interrompt volontiers la lecture pour se procurer les œuvres mentionnées et revenir ensuite aux deux « livres-systèmes cognitifs » de Eco ou de Calvino, et reprendre à travers eux la « navigation » littéraire.

Pour la création de manuels d'étude adaptés aux formes futures de la recherche, je dirai que là aussi le panorama de l'édition électronique est décevant. De la part des éditeurs, l'investissement est encore trop faible vers des œuvres qui ne soient pas seulement des abrégés de savoir en fascicules, *reader-digests* électroniques sur « tout ce que vous auriez voulu savoir sur [...] simplement et en deux mots ». La production d'œuvres de divulgation, généralistes, qui se proposent de délivrer des réponses faciles, plutôt que de formuler et de multiplier de nouvelles questions au moyen des réponses données, qui se présentent comme des substituts des livres mais qui s'adressent paradoxalement à qui ne lit pas et veut, par fétichisme, collectionner sur disques tout le savoir au compte-gouttes, ne stimule certes pas le désir de connaissance.

Si l'on s'en tient aux seuls avantages pratiques d'économie d'espace (celui du support) et de temps (celui de la consultation), et si l'on ne propose que des œuvres « encyclopédiques » succédanées d'un réseau encyclopédique de la connaissance, comment justifier auprès de l'utilisateur : la dépense pour l'équipement multimédia ; le coût de produits électroniques généralement plus élevé que celui de leurs équivalents sur papier, disques audio et vidéocassettes. Dans ces conditions, il n'y a pas à s'étonner du peu d'intérêt suscité parmi le public universitaire, chez les enseignants, les chercheurs, les étudiants qui trouvent encore dans les livres de papier des instruments et des objets d'étude de niveau très supérieur.

Répondre à ces hésitations du public en réduisant toujours davantage les possibilités d'interaction de l'utilisateur avec les textes marque une politique éditoriale pour le moins paradoxale. Et pourtant, on assiste à la floraison d'œuvres qui ne permettent que de choisir des itinéraires préétablis : c'est *la « multilinéarité » au lieu de la « réticularité »*.

De cette manière, on ne favorise nullement l'acquisition de compétences pour la recherche mais seulement l'apprentissage de connaissances dispersées, ou plutôt de vagues notions, de rudiments. L'utilisateur n'a pas le moyen d'étendre son propre horizon cognitif. Il est dans l'illusion de l'interactivité, ou dans l'interactivité de la souris de laboratoire libre de choisir entre plusieurs itinéraires préconstruits, sans connaître les critères à l'aide desquels ils sont constitués (les Oulipiens diraient : les règles du labyrinthe où l'on se meut) et sans pouvoir en créer d'autres lui-même.

L'« encyclopédie » entendue comme une œuvre fermée, divulgatrice de lieux communs, connaît désormais sa version électronique, qui délivre des réponses stéréotypées, définitives, simplificatrices à des questions elles aussi stéréotypées et rudimentaires, consolide les évidences du « sens commun », plutôt que de déplacer l'attention sur les questions et que de faire raisonner l'utilisateur sur les critères de connexion entre les données, sur la diversité des pertinences qui peuvent relier des réponses à une même question et *vice versa*. La structure de ces œuvres, qu'elles soient sur disque ou sur réseau, est celle d'un entonnoir qui, suite à plusieurs « approfondissements » de surface, apporte de rassurantes réponses doctrinales sur tout sujet, donne l'illusion de la connaissance et qui, par conséquent, en n'ouvrant aucune question nouvelle et en voulant créer un univers fermé, exhaustif et global, n'amène pas à lire ou à concevoir d'autres textes. Il s'agit en définitive d'œuvres qui, tout en s'appelant « encyclopédies », sont l'exacte négation d'une « structure réticulaire encyclopédique » telle qu'elle est entrevue par les épistémologues et par les sémiologues, et telle qu'elle pourrait être réalisée grâce à Internet et aux ressources digitales. Du reste, n'est prévu dans ces œuvres aucun « système cognitif », mais seulement un ensemble de données accessibles par un « sommaire » et repérables par une fonction « Rechercher ». Quant aux données elles-mêmes, elles rassemblent lieux communs, résumés qui banalisent des chefs-d'œuvre, au point qu'en fin de compte, elles ne peuvent satisfaire ni celui qui *a priori* ne sait pas quoi chercher, ni celui qui, sachant déjà quoi chercher, se trouve contraint à suivre un seul fil de connexions préconstruites et n'obtient finalement que la réponse la plus décevante, pour laquelle la débauche de technologie mise en jeu semble totalement disproportionnée.

Les liens créés dans ce type de produits ne s'activent pas à travers des critères explicites, définis dans leur principe – je dirai métathéoriquement[1] – et qui sont au moins aussi informa-

1. Comme cela sera expliqué par la suite, l'expression *meta-teorico* renvoie à une structure fondamentale de la toile hypermédia. Cette structure impose l'explicitation des critères de connexion entre les données. Il ne s'agit donc pas de théorie (celle-ci relève du commentaire sur les données), mais de théorie de la théorie *(N.d.T.)*.

tifs que les données qu'ils mettent en rapport. Au contraire, ces liens aveugles s'activent directement, immédiatement, selon les critères de sens commun les plus obvies, intuitifs et pauvres d'information. Je clique sur un mot placé en évidence et je suis conduit en un autre endroit ; c'est alors que je découvre le critère implicite qui reliait les deux concepts mis en rapport. Et de quel lien s'agit-il ? Du plus banal, de celui que sans effort intellectuel quiconque établirait de lui-même en se fondant sur les clichés et sur les automatismes. Dans le plus intéressant des cas, du mot j'accède à une bibliographie, à une illustration ou à une définition de glossaire.

Quant aux recherches « libres », elles se limitent à la fonction « Rechercher », qui au mieux est enrichie par la présence des options *and, or* et par une lemmatisation des sujets généraux traités dans le texte.

Dans ce type de produits, les problèmes méthodologiques ne sont pas même effleurés : tout ce qui serait susceptible d'intéresser un spécialiste de littérature, par exemple les relations internes et externes aux textes, le dialogue intertextuel, le laboratoire de l'auteur et ses pratiques de composition, le rapport entre texte et lecteur. Il est aisé d'en conclure que ce type de produits ne s'adresse qu'à ce public nombreux et distrait, avide d'informations et de modes saisonnières, qui cherche la quantité[1], ne s'arrête sur rien mais veut savoir un peu de tout, et veut surtout l'illusion de maîtriser des domaines qu'il ne comprend pas. C'est le public qui n'a pas le temps de lire, et surtout pas s'il s'agit d'affiner et d'élargir ses propres instruments de connaissance.

Dans ce contexte, l'apport d'Internet n'est pas aussi stimulant qu'il pourrait l'être. Car Internet se présente comme un vaste réservoir de données peu informatives pour un utilisateur exigeant. Internet est d'abord une vaste vitrine publicitaire où l'on découvre parfois des îlots de données intéressantes, de taille

1. L'argumentaire de vente de ces premiers hypertextes mise sur la quantité des données (x images pour x francs), plus souvent que sur une conception originale du produit.

variable (données sans droits commerciaux), mais isolés les uns des autres. Car ces sites sont encore organisés selon des structures hiérarchiques fermées. Ils ne prévoient que de frêles ponts construits sur la base de critères génériques du type « autres sites sur le même sujet », et souvent ils ne permettent pas même une navigation « diagonale » dans leurs propres pages. Ainsi, face à l'océan des données à sélectionner puis à relier avec des critères si possible informatifs, explicites et sélectionnables, les chercheurs s'interrogent : comment faire pour ne pas se perdre, pour ne pas perdre son temps, et pour chercher ce qui peut-être n'existe pas sur Internet ? Deux options : ou réduire l'océan à un étang (ce qui semble encore plus absurde), ou bien créer de puissantes *boussoles* qui permettent d'explorer et d'exploiter qualitativement une quantité de données potentiellement infinie. Tout chercheur sait que ce qui importe est moins de posséder les informations – dans sa propre bibliothèque, dans sa propre mémoire – sur lesquelles exercer ses recherches, que d'avoir acquis les critères permettant d'y accéder et de les relier entre elles. Ce principe vaut doublement face à la mer en expansion de la culture digitale, ou mieux « digitalisée », que l'édition électronique *off line* (sur disque) et *on line* (en réseau) rend disponible.

Instruments cognitifs hypermédia pour la recherche

Il est temps de définir et d'expliquer la troisième voie que j'ai seulement laissé entrevoir jusqu'à maintenant, et d'aborder le domaine des produits électroniques destinés à la recherche.

Comme je l'ai déjà dit, il existe une vaste – et pas nécessairement récente – production littéraire que l'on peut qualifier de « préélectronique ». Elle présente des caractéristiques méthodologiques intrinsèques d'ouverture et de non-linéarité qui la rendent par excellence propre à une opération d'« informatisation », non pas dans le sens d'un simple transfert d'un support à l'autre, ni d'un simple ajout de fonctionnalités techniques. Quel sens le mot « informatisation » pourrait-il avoir, appliqué à ce type de production littéraire ? Quelle forme l'édition électronique pourrait-elle adopter ?

La forme que je propose est celle d'*instruments pour lire* plutôt que de *produits à lire,* de nature hypermédia, qui prennent pour objet des textes non nécessairement présents avec eux sur le même disque ou sur le même site, mais reliés et reliables à eux indirectement au travers de « systèmes cognitifs réticulaires » sophistiqués et toujours implémentables composés de trois éléments : les critères de connexion entre données, les adresses des données et les textes « méta-théoriques » pour définir les critères et en élargir les possibilités applicatives. Dans ce type d'instruments, que j'appelle « Toiles hypermédia »[1], ce qui compte avant tout est la qualité des données à interconnecter qui, si elles ne sont pas conçues réticulairement en amont, se trouvent réorganisées de cette façon avant que l'on procède à leur interconnexion par le « système cognitif ». L'élément central est le « système cognitif». Il exige pour sa conception un *auteur*[2], ou mieux une équipe d'auteurs spécialistes de la discipline, qui peuvent ne pas être (et ne le sont pas en général) ceux des textes intégrés à la toile. Dans ce dessein, il est évidemment important de parvenir à un accord avec les ayants droit des matériaux à relier au système, de sorte que ces matériaux soient digitalisés et rendus disponibles selon des formats technologiquement compatibles avec la toile. En d'autres termes, il est fondamental que de tels matériaux ne soient pas fermés sur eux-mêmes et non communicants, sous la forme par exemple d'une banque de données qui ne peut dialoguer qu'avec soi et qui ne peut être utilisée qu'avec son propre logiciel de lecture.

La forme que je propose est celle d'hypertextes qui fonctionnent véritablement comme des instruments de systématisation des études sur les œuvres littéraires, et notamment qui permettent

1. L'Istituto Metacultura a développé plusieurs toiles hypermédia dans le domaine de l'anthropologie, du cinéma (Lubitsch, Hitchcock, Truffaut), et de la littérature, selon un modèle appelé « MetaHyperLinks ».

2. Dans les produits électroniques actuels en revanche, l'« auteur » est souvent une figure énigmatique, comme si l'appareil technologique dispensait les rédacteurs d'une responsabilité intellectuelle.

de mettre en rapport chaque segment textuel examiné avec une pluralité d'instruments interprétatifs qui s'y réfèrent, et à l'inverse de lier chaque principe interprétatif à une pluralité d'exemples ou d'applications textuelles. Je pense à des objets « labyrinthiques » qui valorisent les potentialités d'instruments cognitifs réticulaires et *vice versa* ; à des réseaux de connaissance dans lesquels l'utilisateur peut non seulement suivre des fils cognitifs composés par les auteurs ou par d'autres utilisateurs-navigateurs, mais aussi composer lui-même, soit de nouveaux liens, soit de nouvelles données et de nouveaux critères de connexion.

L'hypertextualité devient ainsi un moyen de faire circuler la recherche comme telle, de faire dialoguer des auteurs avec d'autres auteurs, des textes avec d'autres textes, des commentateurs avec d'autres commentateurs. Les toiles hypermédia deviennent ainsi des instruments pour l'étude théorique des procédés textuels, pour l'étude des principes de composition et l'analyse des textes par l'interaction de la réflexion théorique et des applications textuelles.

Dans cette perspective, prennent une place de choix les auteurs qui ont conçu et développé leur œuvre comme un labyrinthe de solutions reliées entre elles, ceux qui ont dialogué consciemment avec d'autres auteurs et commentateurs, proposant avec rigueur de nouvelles solutions à partir d'une réflexion explicitée sur l'héritage des maîtres et des classiques. Je citerai un exemple, qui, même s'il n'est pas emprunté au domaine littéraire mais à celui du cinéma, a le mérite de démontrer la faisabilité de tels instruments de recherche. L'auteur en question est Ernst Lubitsch, auquel j'ai consacré une toile hypermédia intitulée *Ernst Lubitsch, l'arte della variazione nel cinema. Il cinema di Lubitsch come sistema reticolare di variazioni narrative ed espressive*[1],

1. *Ernst Lubitsch, l'art de la variation au cinéma. Le cinéma de Lubitsch comme système réticulaire de variations narratives et expressives.* Un volume imprimé a été publié à Rome en 1995 par Alessandro Pamini et Emanuela del Monaco chez l'*Ente dello Spettacolo.* On peut voir un prototype de la toile hypermédia à l'Institut Metacultura.

dont j'ai conçu le système cognitif et certains des commentaires critiques. Il s'agit d'un instrument d'étude, à la fois méthodologique et technologique, sur les principes de la composition audiovisuelle examinés à travers l'œuvre d'un maître de la cinématographie. Il associe à des extraits de films des matériaux critiques où figurent les plus grands commentateurs de Lubitsch : François Truffaut, Samson Raphaelson, Guido Fink, Jacqueline Nacache, etc. A travers cette toile, l'utilisateur découvre les principes d'écriture cinématographique de Lubitsch, et les qualités réticulaires et multimédia intrinsèques à l'œuvre du père de la « comédie sophistiquée ».

Mais pour en revenir à des hypertextes consacrés à la production littéraire ou plutôt aux formes de l'écriture littéraire, les œuvres de Calvino, Perec, Queneau ou en général celles du groupe de l'OU.LI.PO. (OUvroir de LIttérature POtentielle), dont ces trois auteurs ont fait partie, sont particulièrement adaptées. Chez ces auteurs-chercheurs-expérimentateurs, le caractère hypertextuel est manifeste : Calvino par exemple n'est pas seulement un auteur de récits labyrinthiques ou « multiples », pour utiliser ses propres paroles, comme *Le château des destins croisés* ou *Si par une nuit d'hiver un voyageur*. Il est aussi un chercheur qui s'intéresse aux caractéristiques structurales du « texte multiple », et même un précurseur des nouveautés introduites par l'utilisation des ordinateurs en littérature, ainsi qu'on peut le voir dans des essais très importants comme les *Leçons américaines* et *Una pietra sopra*[1]. La publication hypermédia de ses *Leçons*, peut-être associées à celles d'Umberto Eco, serait un vaste et passionnant projet.

Carrol pris dans la toile

Un exemple précis peut permettre de comprendre comment éditer et étudier, avec l'aide de toiles hypermédia, des œuvres

1. Ce recueil d'essais fait partie du volume paru en français sous le titre *La machine littérature (N.d.T.)*.

littéraires narratives. Dans ce cas, la toile hypermédia exerce la fonction d'« instrument cognitif » d'aide à la recherche sur l'écriture littéraire et la composition textuelle. Elle concerne l'œuvre de Lewis Carroll et celle de ses interlocuteurs directs et indirects, une œuvre qui se développe autour de ce centre labyrinthique par excellence que sont *Alice au pays des merveilles* et *De l'autre côté du miroir*.

Cet exemple se fonde sur un projet conçu sous forme hypertextuelle et suffisamment développé pour que puisse en être expliqué ici le fonctionnement. Il pourrait être porté à terme par la collaboration des institutions anglaises et américaines qui consacrent leurs recherches aux œuvres de Carroll et archivent dans un souci philologique toute la documentation et les études sur cet auteur. Tenant compte de cette riche disponibilité documentaire et du grand intérêt que suscite l'œuvre de Carroll – sur Internet, par exemple, existent déjà plusieurs sites Carroll – je tenterai d'illustrer ici synthétiquement les différentes phases d'élaboration de la toile hypermédia par un diagramme du processus de « réorganisation réticulaire et multimédia » des ressources à repérer pour créer des hypertextes, à partir de textes non linéaires.

La tentative d'informatiser l'œuvre de Carroll serait moins fructueuse si cette œuvre ne possédait des qualités de rigueur dans la composition, de variation structurale, de jeu logique sur le langage, de formulation expressive, de références explicites... Ces caractéristiques en ont déjà fait l'objet idéal de nombreuses interprétations (par l'illustration, le dessin animé, le cinéma...), récritures et études interdisciplinaires.

Sur ce point, ne manquent donc pas les matériaux qui permettent d'élargir le noyau de départ. Et ces matériaux – les annotations de Gardner à *Alice au pays des merveilles*, les commentaires de H. Parisot, de J. Gattegno..., etc. – sont eux-mêmes souvent structurés avec rigueur. Mais construire une toile hypermédia ne consiste pas simplement à « étendre » *(to expand)* empiriquement un objet, contrairement à ce que laisseraient entendre les éditeurs d'*Expanded Books*. Cela consiste bien plutôt à *développer les potentialités d'un modèle logique.* Aussi ce qui manque pour l'étude de l'œuvre de Lewis Carroll, et qui donne sens au projet de toile hypermédia, est *le réseau des connexions possibles et significatives, les critères qui peuvent les relier et la définition explicite de ces critères.* La « toile Carroll » se présentera comme le résultat de l'intégration de nombreux textes autonomes entre eux, et pourtant en relation interprétative. Comme nous l'avons déjà dit, les relations entre les textes sont des informations elles aussi, et ne sont pas moins riches que les textes eux-mêmes ; au contraire elles multiplient la valeur informative apportée par la simple somme des textes pris comme référence.

Tous les lecteurs passionnés de Carroll connaissent la célèbre édition annotée par Martin Gardner (et illustrée par Tenniel). Se fondant précisément sur cette édition, l'éditeur électronique américain *Voyager Company* a publié l'un des premiers exemples de « livre électronique étendu », en 1991, la version électronique de la plus célèbre œuvre de Carroll[1].

Cette expérience fournit une bonne occasion de s'interroger sur les apports « hypertextuels » d'un produit de ce genre. Une première réponse est que l'apport ne réside pas dans un travail de réorganisation réticulaire du texte de Carroll, mais dans un petit logiciel conçu par *Voyager Company* – un « Kit » d'instruments technologiques fondés sur le langage de programmation *Hypertalk* d'*Hypercard* – qui se trouve appliqué, comme instrument extérieur « universel », à tous les textes publiés en version électronique par cette maison d'édition. Ce logiciel, avec lequel est présenté le texte de Carroll, permet à l'utilisateur de sauter d'un chapitre à l'autre, d'annoter les pages, de les marquer d'un signet, de faire des recherches d'occurrences en contexte, d'établir et d'activer des liens vers des commentaires d'ordre littéraire, visuel et sonore, contenus dans des fichiers externes reliés à des points précis du « livre électronique ». Malheureusement il

1. Le logiciel de la *Voyager Company* a été utilisé en France par Larousse pour sa collection des « Classiques électroniques », qui édite ainsi *Dom Juan, Phèdre, Candide, Les Fleurs du Mal,* etc. *(N. d. T.).*

ne permet pas (non pas à cause des limites du langage de programmation, mais en raison des choix éditoriaux induits par le concept de livre électronique implicitement choisi comme modèle) des opérations aussi importantes que la mise à jour des liens et des données une fois que le produit a été publié[1], et ne permet non plus pas d'expliciter, d'indiquer, de classer et de modifier les liens et les critères de liaison, qui resteront d'ailleurs inconnus à l'utilisateur.

Les *Expanded Books* sont donc conçus comme des produits « à lire », non pas comme des instruments « pour lire ». Ils ont été conçus pour être fermés, pour ne pouvoir communiquer entre eux, pour ne pas être modifiables et mis à jour en fonction des recherches en cours, pas même par le possesseur du produit. Ils sont faits pour être lus sur disque, sur un nouveau support à la mode, qui remplace le papier par le CD-ROM. C'est sur cette idée que la *Voyager Company* a fondé cette collection, et c'est justement au nom de cette idée qu'elle réédite des œuvres qui dans leurs éditions sur papier présentaient un matériel critique bien plus riche, en termes d'annotations, d'illustrations, etc.

Alors, en quoi l'édition électronique d'*Alice annotée* représente-t-elle un progrès par rapport à l'équivalent sur papier, surtout dans un cas où il n'y a aucun matériel supplémentaire[2] ? Aussi bien du point de vue informatif que du point de vue des fonctionnalités mises en œuvre, cette édition semble ne pas changer grand-chose. Pourtant, un changement structural important est survenu qui, même s'il est ici sans aucune portée, ouvre de grandes possibilités de développement vers une édition véritablement hypertextuelle et multimédia.

Dans l'édition imprimée, sont réunis sur un même support des textes divers, de natures différentes, mais unis entre eux par

1. Toute nouvelle donnée ou tout nouveau lien inséré provoque la perte de tous les liens préexistants, une fois que le produit a été édité.

2. Si l'on excepte une introduction de Theodor Nelson qui souligne l'adéquation toute particulière du texte de Carroll à une opération d'« informatisation ».

de forts critères de connexion. On pourrait même dire que l'édition[1] recueille en un seul volume : le texte original de Carroll en anglais, sa traduction, les illustrations de Tenniel prévues et commandées par l'auteur, les annotations d'un logicien mathématicien, Martin Gardner. Cependant, l'édition imprimée pose au centre, non seulement conceptuellement mais aussi en termes physiques de mise en page, le texte de Carroll qui donne son titre au volume, et en marge ce que j'appellerais ses corrélats (cités eux aussi en couverture mais comme des « appendices » au texte : « ... avec toutes les illustrations de... ; avec une introduction et des notes de... ; avec une traduction et une révision des notes par... »). En conséquence, il n'est pas possible de dissocier ces textes corrélés et de les suivre autrement que comme des notes en marge, sur les bords du volume, à mesure qu'on lit le récit de Carroll.

Dans l'édition électronique, qui reprend le titre de la version sur papier utilisée comme référence *(Alice annotée),* on conserve l'idée de créer un livre avec un texte central et quelques annotations, appendices subordonnés au texte qui l'enrichissent, selon le principe de l'« expansion ». Mais, dans l'opération, l'éditeur électronique – peut-être par hasard pour créer un espace destiné aux annotations de l'utilisateur et pour intégrer tous les textes dans l'espace minimum prévu (l'espace standard des *Expanded Books* coïncide en général avec les dimensions de l'écran d'un ordinateur portable) – a nettement séparé les annotations de Gardner du texte de Carroll, créant ainsi une sorte de cahier de notes, similaire à celui que peut rédiger un utilisateur en lisant et en annotant le volume imprimé de Carroll, au lieu d'écrire sur les marges de la « page électronique ». De cette manière, depuis les segments du texte de Carroll sur lesquels Gardner a formulé des réflexions, il est possible d'activer des liens vers les « annotations » recueillies dans le *Notebook* distinct. Mais ce cahier de notes a une existence autonome et devient un petit « essai de

1. L'édition à laquelle il est fait allusion ici est la version italienne, qui comporte, outre la traduction de Masolino d'Amico, un appareil de notes du même auteur.

Gardner sur *Alice*», et chaque « Note » devient un « Chapitre » de cet essai. Le passage apparemment insignifiant de l'édition imprimée à l'édition électronique a donc créé deux textes et une série de liens entre eux (au lieu d'un texte unique avec des parties subordonnées reliées directement avec des critères implicites). De la sorte, d'unidirectionnels les liens sont devenus bidirectionnels. Ainsi, le lecteur peut passer du « récit de Carroll » à « l'essai de Gardner » et, au lieu de devoir retourner au précédent, il peut continuer à lire ce dernier, et ensuite revenir à un endroit précis du texte de Carroll à partir des têtes de chapitres de cet essai. En renversant la perspective, le texte devient un « Appendice anthologique à l'essai de Gardner ».

Pour preuve supplémentaire que cette modification structurale est fortuite et nullement prise en compte dans la conception du produit, il suffit de noter que les illustrations de Tenniel ne bénéficient pas du même traitement, et demeurent fixées sur la marge des pages électroniques du texte littéraire de Carroll, incorporées à lui tout comme le bref écrit de Nelson, ajouté en guise de préface à l'occasion de l'édition électronique.

Il est impossible de savoir quelle place aurait pris une ou plusieurs traductions de l'œuvre de Carroll éventuellement intégrées à la version électronique, puisque celle qui est disponible est en langue anglaise. Elle ne prévoit, ni en note ni dans aucun document associé, aucune traduction en aucune langue étrangère.

Pour avancer dans notre réflexion, procédons par schématisation et formulons maintenant l'hypothèse que le produit éditorial est composé seulement du texte littéraire de Carroll et du texte littéraire de Gardner (notre discours vaudra aussi et à plus forte raison pour tous les autres matériaux corrélés et corrélables qu'ici nous laissons de côté par souci de simplification méthodologique). Jusqu'à maintenant, pour l'utilisateur final, les choses n'ont pas beaucoup changé, mis à part le fait qu'il peut lire les « Annotations de Gardner » séparément – comme un « Essai sur *Alice* du point de vue d'un logicien mathématicien » – et qu'il peut appeler les parties du texte de Carroll auxquelles se réfère Gardner dans ses réflexions. Mais la distinction entre le texte de Carroll et celui de Gardner en tant qu'objets séparés ne crée pas de changements appréciables tant que le projet demeure celui d'en faire un « livre électronique », même « étendu ». Si en revanche nous entrons dans la perspective de créer une « Toile hypermédia », nous percevons que cette distinction ouvre la voie, et conduit, par défaut, à opérer les changements absents mais dont le manque est involontairement mis en lumière par l'édition électronique de *Voyager*. En effet le « livre électronique » réalisé par *Voyager* ouvre la voie à la réticularité, mais ne va pas au bout de cette démarche parce qu'il établit encore un rapport 1 : 1 entre les textes, bien qu'ils aient été rendus indépendants par sa structure.

Si, à l'inverse, nous partons du fait que le matériel de Gardner a été à la fois rendu indépendant et mis en relation avec le texte de Carroll, et même si, encore pour peu de temps – pour pouvoir élaborer graduellement notre modèle de « toile hypermédia » – nous conservons le principe de « centralité » du récit *Alice*, nous pouvons nous demander : pourquoi ne pas rechercher d'autres matériaux et les relier à l'ensemble, peut-être en adoptant des points de vue différents de celui de Gardner, pour doter le texte de Carrol d'un instrument de lecture/relecture « interdisciplinaire » adéquat à sa fascinante complexité.

De cette manière d'ailleurs, il deviendra nécessaire d'expliciter chaque critère d'interrogation qui reste, sinon, implicite sous le terme générique d'« annotation ». Nous dirons alors : « Annotations logiques de..., linguistiques de..., psychologiques de... » Et à ce point, nous pourrons accomplir un autre pas en avant en remplissant de noms précis les points de suspension qui accompagnent chaque critère. Nous pourrons explorer *Alice* du « point de vue logique », adoptant pourtant les « points de vue de différents critiques », et nous donc serons conduits à confronter ces points de vue et presque contraints à formuler ensuite notre modèle structural pour introduire les théories, les principes de la logique qui émergent d'une telle confrontation, et qui renvoient à des études métathéoriques, à des manuels de logique modale, etc.

Non seulement, mais en poursuivant de manière empirique, nous pouvons immédiatement découvrir que Gardner lui-même s'est occupé d'une « Édition annotée » d'un autre texte de Carroll, *La Chasse au Snark*, où entre autres, presque nécessairement, il reprend des questions posées au cours de ses « Annotations à *Alice* » et se réfère explicitement à ses notes en marge de cette édition.

Même le plus myope des éditeurs devrait alors se rendre compte que créer deux livres électroniques à partir de ces deux œuvres de Carroll annotées par Gardner, et néanmoins fermées et non communicantes entre elles, serait un paradoxe de l'informatique. Et pourtant, il n'est pas impossible de trouver justement, dans des collections de livres électroniques, certains titres consacrés par exemple à des œuvres de Mozart où l'on répète des considérations des plus générales sur son « théâtre musical », où l'on parle de principes de composition musicale présents dans les unes et les autres sans possibilité d'interconnexion. Ou bien, dans un CD-ROM sur l'histoire de la musique, on trouve un chapitre sur Mozart ou sur Beethoven qui reprend des questions examinées dans les CD-ROM de la même collection sur ces deux auteurs, sans que soit prévu un lien explicatif.

Il apparaît donc évident que si l'on se fixe sur le texte objet d'étude (ici *Alice*) en faisant varier les critères d'analyse, ou bien si l'on se fixe sur les instruments d'étude (logique, de Gardner, etc.) pour analyser le texte, nous pouvons imaginer sans difficulté deux segments complémentaires d'un réseau où, depuis les « œuvres », il est possible de passer aux « matériaux critiques qui s'y réfèrent » et de ceux-ci à celles-là. Ainsi, pour chaque segment d'*Alice*, sera disponible une pluralité d'études fondées sur différents critères, et pour chacun de ces critères, il y aura soit une pluralité d'applications textuelles dans *Alice*[1], soit un développement du critère considéré à travers des études « métathéoriques » reliées à leur tour à ce critère.

1. Mais déjà, si l'on tient compte de *La Chasse au Snark*, il est tentant d'élargir notre objet d'étude à tout l'univers littéraire de Carroll.

De cette façon, nous passons d'un rapport de type 1 : 1 à un rapport de type 1 : *n* et *n* : 1, et donc à un rapport de type *n* : *n*. Le modèle structural qui se tisse peu à peu, par abstractions et généralisations successives, commence à prendre une valeur heuristique. Car si nous ignorions l'étude de Gardner sur *La Chasse au Snark*, nous pourrions la découvrir sous l'effet des questions ouvertes par le même modèle, du fait des possibilités prévues par ce modèle, mais pas (encore ?) actualisées dans les textes trouvés pour l'implémenter. Il peut se faire que certaines des questions ne trouvent pas, pour l'instant, de réponse. Par exemple, Gardner a-t-il jamais soumis à son approche de logicien *Sylvie et Bruno* de Carroll ? Même si cette interrogation, une fois formulée explicitement, ne trouve pas de réponse immédiate, elle peut amener le chercheur à compléter le modèle, réalisant lui-même l'étude manquante selon la perspective méthodologique d'un logicien, et selon les théories de Gardner.

Et si nous suivons encore les impulsions heuristiques suscitées par le développement progressif du modèle, stimulés par ce qu'il ne dit pas tout autant que par ce qu'il peut dire du fait de sa composition, nous pouvons chercher à expliciter cet ensemble sous-jacent de théories et de principes d'étude que nous avons perçu dans les réflexions des critiques au sujet d'*Alice*.

Finalement, dans cette perspective, *Alice* perd sa place centrale et devient le nœud d'un réseau, au sein duquel cette œuvre peut être l'un des très nombreux nœuds possibles, pour accéder ensuite à d'autres œuvres ou à des textes théoriques et méta-théoriques qui constituent les présupposés de l'écriture de Carroll, ou de l'analyse des illustres critiques qui l'ont commentée. De la sorte, la « toile hypermédia » permet d'établir une interaction féconde entre l'étude des textes, l'apprentissage de méthodes d'analyse littéraire, et la réflexion critique sur ces méthodes.

En marge de cet exemple, je crois nécessaire d'insister sur la nécessité de renoncer à multiplier, dans la confusion, des « banques de données » et des « systèmes cognitifs » limités, incomplets et inadéquats. Il faudrait plutôt distinguer entre deux activités et deux métiers : d'une part les *éditeurs* qui prendraient en charge la publication, sur CD-ROM ou sur réseau, de matériaux pour la recherche (textes, images, sons ou films) ; de l'autre, les *chercheurs* ou *auteurs hypermédia* qui réaliseraient des « toiles » capables de relier entre eux les matériaux à partir de critères définis.

Quelle est l'ultime différence qui trace la ligne de partage entre les « livres électroniques », fermés et isolés, et les « toiles hypermédia » ? C'est qu'au moment où l'univers de l'information, de l'art, du spectacle, de la recherche évolue vers la digitalisation et la mise en réseau insensée, hasardeuse et extensive, les toiles hypermédia peuvent exercer une fonction formative et didactique.

Revenons pour finir à l'exemple du cinéma et à la « toile Lubitsch ». Dans le marché actuel du cinéma, « branché » sur le dernier succès du moment, la culture cinématographique – qui a pourtant des origines relativement récentes – n'est pas assimilée, ni par les spectateurs ni par les auteurs. Ces derniers apprennent à faire et à aimer le cinéma, moins auprès des « inventeurs de forme » comme Lubitsch – pas même auprès de ses dignes héritiers comme Billy Wilder ou François Truffaut – mais auprès d'épigones d'épigones d'épigones, qui n'ont rien appris de leurs possibles maîtres et qui continuent à appeler « comédie sophistiquée » ce qui n'a plus rien de sophistiqué.

Face à cette situation qui peut servir de modèle, je pense qu'il serait possible d'utiliser avec profit les meilleures œuvres du moment pour les faire dialoguer, à travers des toiles hypermédia, avec des classiques de l'histoire du cinéma de très haute qualité qui sont soit méconnus, soit oubliés par le grand public. Dans cette perspective, les « toiles hypermédia » misent sur la possibilité de confronter avec pertinence des œuvres d'auteurs divers, parfois apparemment éloignées, mais pouvant interagir avec bonheur au sein d'une toile hypermédia. L'informatique donne la possibilité de rassembler autour d'une table virtuelle des auteurs comme Ernst Lubitsch, Oscar Wilde, Nœl Coward, Billy Wilder, François Truffaut, David Lean, Henry James... œuvres cinématographiques, pièces de théâtre, romans, etc.

En d'autres termes, en partant des intérêts, parfois limités, des utilisateurs potentiels, nous pouvons imaginer, à travers des projets de toiles hypermédia, non seulement satisfaire leurs intérêts, mais aussi développer leurs savoirs en même temps que leurs compétences, en s'appuyant sur le dialogue entre les œuvres et sur la dynamique entre attente et découverte, entre plaisir de la reconnaissance et plaisir de la variation, entre hypothèse et anticipation. Pour conclure, je dirai que dans une toile hypermédia, il sera justement impossible de « conclure », dans le sens où des termes comme « début » et « fin », « centre » et « périphérie » ne pourront valoir que redéfinis dans un contexte local et relatif à une navigation temporaire, dont on peut garder la mémoire, mais seulement pour se rappeler où l'on est parvenu à la suite de questionnements successifs. Partant de ces lieux, l'utilisateur entreprend un voyage qui, bien que sans retour, n'a rien d'effrayant car en route il découvre la subtile différence qui sépare le « touriste » du « voyageur ». Le second n'a nul besoin de fils d'Ariane parce qu'il ne craint pas de s'égarer, parce qu'il ne cherche pas la rassurante certitude des parcours préconstruits à suivre, qu'il a le plaisir durant le parcours de se développer, de multiplier ses centres d'intérêts, d'élargir son horizon cognitif, d'affiner son goût et ses instruments d'enquête, et donc de découvrir de nouveaux mondes à explorer. Je crois que les toiles hypermédia, comme nouvel instrument de recherche, s'adressent à ces voyageurs, ou peuvent enseigner aux « touristes » à le devenir.

Alessandro PAMINI
(Istituto Metacultura, Rome-Venise)

Traduit de l'italien par Nathalie Ferrand.

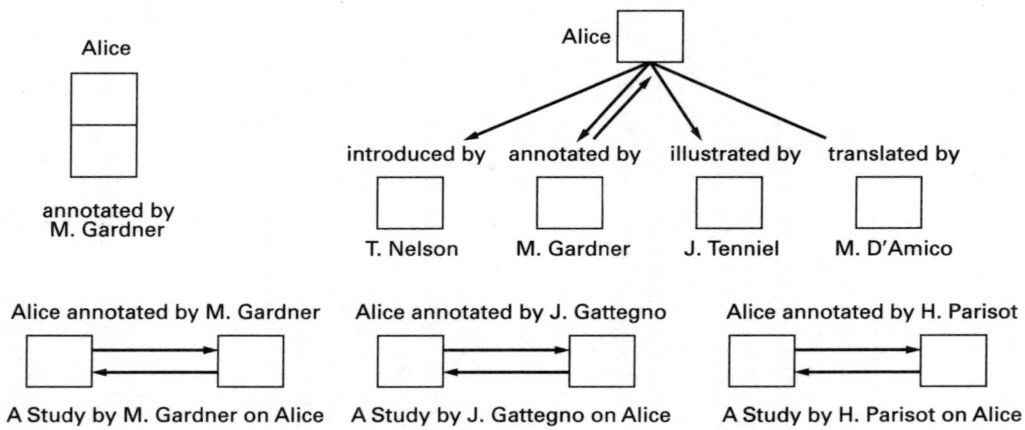

Alice
annotated by
M. Gardner
Alice
introduced by
annotated by
illustrated by
translated by
T. Nelson
M. Gardner
J. Tenniel
M. D'Amico
Alice annotated by M. Gardner
A Study by M. Gardner on Alice
Alice annotated by J. Gattegno
A Study by J. Gattegno on Alice
Alice annotated by H. Parisot
A Study by H. Parisot on Alice

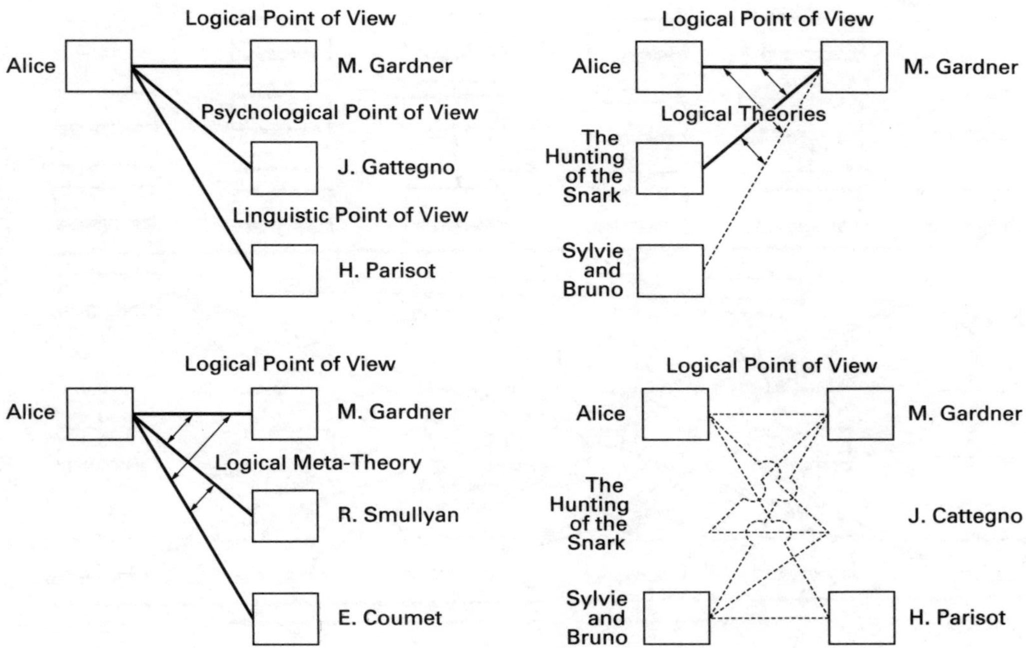

Fig. 1 et 2. — Étapes successives de la constitution de l'hypertexte, à partir de la version imprimée d'*Alice* annotée par M. Gardner

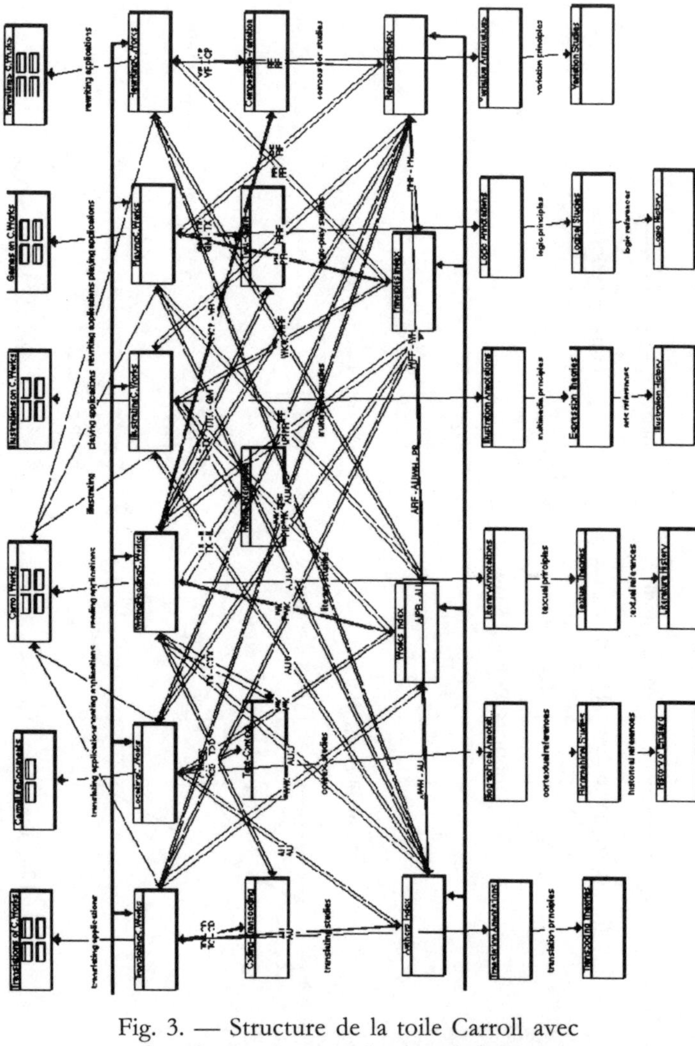

Fig. 3. — Structure de la toile Carroll avec
dans les parties supérieure et inférieure,
les banques de données externes,
et dans la partie médiane le système cognitif

Notices biobibliographiques

Michel Bernard est ancien élève de l'École normale supérieure, agrégé de lettres modernes et maître de conférences à l'IUFM de Paris. Dans le cadre du centre de recherches Hubert de Phalèse (Paris III - Sorbonne Nouvelle), il mène des travaux sur l'application aux études littéraires des nouvelles technologies de l'information : Banque de données d'histoire littéraire, lexicométrie, édition électronique. Il a notamment publié un ouvrage sur l'indexation thématique des œuvres littéraires (Slatkine, 1994) et contribué aux publications d'Hubert de Phalèse sur Colette, Huysmans, Renan, Céline, Hugo, Malraux et Apollinaire (Nizet, 1989-1996). Il est par ailleurs l'auteur d'articles sur la titrologie (*Literary and Linguistic Computing*, 1995), sur les anagrammes chez Villon (*Romania*, 1995), sur la thématique des sentiments (avec H. Béhar, in *L'analyse thématique des données textuelles. L'exemple des sentiments*, Didier érudition, 1995) et sur les hypertextes littéraires (*Texte*, 1993, *La littérature générée par ordinateur*, Artois Presses Université, 1995). Adresse : phalese@alize.msh-paris.fr.

Michèle Weil-Bergougnoux, ancienne élève de l'École normale supérieure, agrégée de lettres classiques, est professeur de littérature française à l'Université Paul-Valéry - Montpellier III. Spécialiste de Robert Challe auquel elle a consacré sa thèse (*Robert Challe romancier*, Droz, 1991) et plusieurs ouvrages, elle s'est tournée depuis 1986 vers l'étude de la littérature narrative assistée par ordinateur, dans le cadre de la SATOR, dont elle est secrétaire générale et membre du comité scientifique. Outre des publications régulières sur le projet de la SATOR, elle est responsable du bulletin de liaison international SATOR depuis 1990. En décembre 1994, elle a créé sur Internet la première liste française de discussion sur la littérature française (sator-L@bred.univ-montp3.fr), liste regroupant 120 abonnés de dix pays, et elle a ouvert une page SATOR sur le World Wide Web, à l'Université Paul-Valéry - Montpellier III (http://alor.univ-montp3.fr./sator) et à Toronto (http://www.chass.utoronto.ca/french/sator). En 1997, elle organise le colloque « Bilan de dix ans de recherche sur le topos narratif ». Adresse : weil@bred.univ-montp3.fr.

Éric-Olivier Lochard est maître de conférences en informatique à l'Université Paul-Valéry - Montpellier III et y dirige le Centre de ressources informatiques et télématiques (CRIT). En collaboration avec les chercheurs de la Société d'analyse de la topique romanesque (Centre d'étude du XVIIIe siècle, ESA 5050 du CNRS), il a conçu le logiciel TOPOSATOR, banque de données qui doit constituer un thésaurus des topoi narratifs des textes français de fiction antérieurs à 1789. Depuis 1991, chercheur associé au Centre d'étude du XVIIIe siècle, il a réalisé le logiciel ARCANE, un système de banque de textes et de données d'aide à l'édition scientifique (appliqué dans un premier temps à la collection *Archives de l'Est*, Voltaire Foundation - CNRS Éditions).

Il est, depuis 1994, le responsable de l'équipe « Méthodes et instrumentation pour l'analyse et l'édition scientifique des textes » au sein du Centre d'étude du XVIIIe siècle. Il est membre du comité scientifique de la SATOR. Adresse : eol@bred.univ-montp3.fr.

Jan Herman est maître de conférences à la *Katholieke Universiteit Leuven*, où il enseigne l'histoire littéraire et la littérature du XVIIIe siècle. Il est l'auteur d'une thèse sur le récit par lettres (*Le mensonge romanesque. Paramètres pour l'étude du roman épistolaire en France*, Amsterdam-Leuven, 1989). Ses travaux portent actuellement sur le discours préfaciel et les procédures inchoatives, et il prépare, avec C. Angelet, une *Anthologie de préfaces de romans du XVIIIe siècle*. Membre actif de la SATOR, il a organisé, avec Paul Pelckmans, le VIIIe Colloque de cette Association (*L'Épreuve du lecteur. Livres et lectures dans le roman d'Ancien Régime*, Leuven, Peeters, 1995). De formation narratologique et rhétorique, il a publié des études sur le roman du XVIIIe siècle, notamment dans *Cahiers d'histoire des littératures romanes*,

Studies on Voltaire, *Études rétiviennes*, *Australian Journal of French Studies*, *Nottingham French Studies*. Adresse : jan.herman@arts.kuleuven.ac.be.

Alain Giffard est conseiller scientifique à l'Institut mémoires de l'édition contemporaine (IMEC). Comme directeur informatique de la Bibliothèque nationale de France, il a animé en particulier la conception du Poste de lecture assisté par ordinateur (avec Bernard Stiegler, Jacques Virbel, Patrice Bouf, Philippe Aigrain), et le programme de numérisation des textes (avec Michel Richard et Yannick Maignien). Dans le cadre du programme « Patrimoine écrit » du CNRS, il dirige un séminaire sur l'hypertexte avec Roger Laufer, et prépare une édition hypermédia des cours de Roland Barthes au Collège de France. Il a publié plusieurs articles sur les nouvelles technologies : « Nouveaux médias et nouvelles structurations », in *Archimag*, n° 7, avril 1993 ; « La fatalité fictionnelle », in *Art Press*, n° 14 hors série, 1993 ; « Le clou et la clé », in *Dossiers de l'audiovisuel*, n° 54, INA-La Documentation française, 1994.

Marie-Luce Demonet, agrégée de lettres modernes et docteur d'État (1992), est spécialiste des relations entre les différents arts du langage au XVIe siècle (littérature, poétique, rhétorique, grammaire, logique). Actuellement professeur à l'Université Blaise-Pascal de Clermont-Ferrand, elle dirige l'« Équipe Informatique et Lettres pour le XVIe siècle » (EQUIL XVI). Auteur d'une étude sur Montaigne (*Les Essais*, PUF, 2e éd., 1992), d'une thèse sur l'histoire des théories linguistiques au XVIe siècle (*Les voix du signe. Nature et origine du langage à la Renaissance (1480-1580)*, Champion, 1992), elle a publié en 1995 la première version électronique et en hypertexte des *Œuvres romanesques* de Rabelais (*Électro-chronicques*, CD-ROM pour Macintosh, Paris, Éditions Les Temps qui courent), dont elle prépare actuellement la version bivalente Mac-PC multimédia. Elle continue à développer les éditions des œuvres du XVIe siècle sur les nouveaux supports (CD-ROM et Internet) tout en poursuivant la description des systèmes linguistiques et sémiotiques de la Renaissance. Adresse : demonet@cicsun.univ-bpclermont.fr.

Jean-Louis Lebrave, ancien élève de l'École normale supérieure, est directeur de recherche au CNRS. Ses travaux portent sur la linguistique de l'écrit, la production écrite et les manuscrits littéraires. Après une thèse, *Le jeu de l'énonciation en allemand d'après les variantes manuscrites des brouillons de H. Heine,* en 1987, ses principales publications ont été consacrées à Proust (*Proust à la lettre*, avec A. Grésillon et C. Viollet, 1990) et à la génétique textuelle (*L'écriture et ses doubles. Genèse et variation textuelle*, avec D. Ferrer, 1991). Dans le numéro inaugural de la revue *Genesis* qu'il dirige, il a publié : « La critique génétique : une discipline nouvelle ou un avatar moderne de la philologie ? » (*Genesis*, n° 1, 1992). Les recherches qu'il mène auprès de l'Institut des textes et manuscrits modernes (ITEM) l'ont conduit à s'intéresser aux nouveaux supports électroniques et aux techniques d'écriture hypertextuelle pour l'édition des manuscrits : « Hypertextes - Mémoire - Écriture » (*Genesis*, n° 5, 1994, p. 9-24). Adresse : lebrave@msh-paris.fr.

Alessandro Pamini est docteur en sciences anthropologiques de l'Université de Rome. Il est l'auteur d'études sur les principes de la communication audiovisuelle et multimédia, en particulier dans *L'Arte nella transizione verso il 2000* (paru dans *Quaderno di Tempo Presente*, Roma, 1990). En 1995, il a publié *Ernst Lubitsch : l'arte della variazione nel cinema. L'opera di Lubitsch come sistema reticolare di variazioni narrative ed espressive* (auprès de l'*Ente dello Spettacolo*, Roma), et il a réalisé une toile hypermédia sur ce sujet. Il enseigne la composition audiovisuelle et multimédia et dirige les recherches de l'Institut *Metacultura*, une association internationale de chercheurs qui, depuis quinze ans, met au point de nouveaux instruments méthodologiques et technologiques dans le domaine des sciences humaines ou des arts. Actuellement il tient un séminaire à l'Université de Rome sur l'écriture hypermédia. Dans le domaine littéraire, il a conçu un hypertexte sur l'œuvre de Lewis Carroll destiné à un public de chercheurs. Adresse : metacultura@mix.it.

Nathalie Ferrand, ancienne élève de l'École normale supérieure, agrégée de lettres modernes, enseigne à l'Université d'Orléans. Ses recherches portent sur le roman au XVIIIe siècle, l'histoire du livre et les nouvelles technologies appliquées au domaine littéraire. Membre de la SATOR, elle contribue au thésaurus de la topique romanesque. Adresse : ferrand@clipper.ens.fr.

Imprimé en France
Imprimerie des Presses Universitaires de France
73, avenue Ronsard, 41100 Vendôme
Mai 1997 — N° 43 887